열두 달 남도 여행

정지효

그림
윤연우

열두 달 남도 여행

정지효

		작가의 말	6
		추천의 말	8
1월	첫째 주	반갑다 새해! 무등산 해돋이 여행	14
	둘째 주	함께 걷는 행복숲길, 영광 물무산	20
	셋째 주	새해 기찬 여행, 구례 고택 투어	24
	넷째 주	구도의 길, 해남 달마고도	32
2월	첫째 주	신비의 약수가 기다리는 광양 백운산	40
	둘째 주	달나라 별별여행. 고흥 우주천문과학관	44
	셋째 주	꽃피는 동백섬. 여수 오동도	48
	넷째 주	천관산이 품은 시크릿가든. 장흥 천관산 동백숲	54
3월	첫째 주	너는 나의 봄, 호남 3매	60
	둘째 주	'봄처녀 제 오시네, 샛노랑 옷을 입으셨네' 구례 산수유마을	64
	셋째 주	'곱게 보내 드리우리다' 여수 영취산	68
	넷째 주	꽃길만 걷게 해 줄게. 남도 명품 벚꽃길	72
4월	첫째 주	왕인박사 만나러 영암가오!	80
	둘째 주	'임자, 튤립보러 가세' 모래섬 튤립나라	86
	셋째 주	삶의 쉼표가 되는 섬. 완도 청산도	92
	넷째 주	열려라! 신비의 바닷길. 진도	98
5월	첫째 주	나비마을 캠핑여행	104
	둘째 주	계절의 여왕, 곡성은 장미의 계절	108
	셋째 주	노랑꽃창포 피는 장성 황룡강	112
	넷째 주	봄이 오는 길. 금오도 비렁길	118

6월	첫째 주	도초도가 온통 '수국수국'	124
	둘째 주	민족의 명절 수릿날. 영광 법성포 단오 여행	130
	셋째 주	보랏빛 향기 머무는 광양 사라실마을	136
	넷째 주	푸른 바람이 불어오는 곳. 무안 송계 솔바람길	142
7월	첫째 주	'청정 강진에서 맘 확~푸소' 강진에서 일주일 살기	148
	둘째 주	백일홍 피는 담양 명옥헌원림	152
	셋째 주	'♪홍도야 울지 마라, 원추리가 있다' 신안 홍도	158
	넷째 주	골라가는 재미, 곡성 계곡 3대 천황	164
8월	첫째 주	태고의 신비가 살아 숨 쉬는 곳. 무안 갯벌	172
	둘째 주	하늘 아래 첫 꽃밭. 지리산 노고단	178
	셋째 주	향기롭고 우아하게. 무안 회산백련지	182
	넷째 주	명품 해안누리길. 접도 웰빙등산로	186
9월	첫째 주	남도여행계 BTS! 완도 77번 국도 여행	192
	둘째 주	슬로시티에서 만난 푸른 하늘의 날	196
	셋째 주	제철 맞은 가을꽃. 함평·영광 꽃무릇	202
	넷째 주	가을 맨드라미 피는 섬. 병풍도	206
10월	첫째 주	천사대교 요트투어	214
	둘째 주	빙그레 웃는 섬. 완도 생일도	218
	셋째 주	핑크빛 가을이 물드는 곳. 함평 주포마을	222
	넷째 주	'♪항상 엔진을 켜 둘게' 남도 차박여행	226
	부록	목서꽃 필 무렵. 나주 향교길	230
11월	첫째 주	'오메 단풍 들었네' 장성 백양사	238
	둘째 주	단풍 맛집 지리산	244
	셋째 주	오색 단풍길 로드. 해남 천년숲길	248
	넷째 주	우물쭈물하지 말고 떠나자, 만추여행	252
12월	첫째 주	속까지 든든하게. 겨울 백반기행	258
	둘째 주	겨울 석화가 피는 곳. 장흥 남포마을	264
	셋째 주	별이 빛나는 겨울밤, 남도 빛축제	270
	넷째 주	가는 해 오는 해, 백리섬섬길	274

"이번 주말에 어디 갈까?"

여행 프로그램을 만드는 방송작가로, 또 여행지를 소개하는 여행작가로 일하면서 종종 듣던 질문이다. 친구들부터 가까운 지인들까지 다들 가볍게 던진 질문이지만, 왠지 각자 취향에 딱 맞는 여행지를 추천해줘야 할 것 같은 의무감에 한참을 고민하게 된다. 추천할 곳이 마땅치 않아서라기보다 남도에는 꼭 가봐야 할 여행지가 정말 많기 때문이다. 달랑 텐트 하나 들고 나섰던 캠핑을 시작으로 남도 여행과 관련된 방송활동을 줄곧 해 오면서, 내가 나고 자란 남도에 이렇게 멋진 곳들이 많았다는 사실을 새삼 깨달았다.

많은 이들은 자신이 살고 있는 곳이 중심인 줄 알고 산다. 우리나라 인구 절반이 모여 사는 수도권 사람들은 꽃밭이 된 신안의 섬들도, 보배섬 진도가 품은 작은 섬 둘레길도 어떤 곳인지 잘 알지 못한다. 아는 만큼 보이고, 보이는 만큼 느낀다는 말이 있다. 하루면 전국 어디든지 오갈 수 있는 세상이 되면서 남도에 오는 길도 수월해졌고, 덕분에 남도의 매력을 직접 느낄 수 있는 기회도 많아졌다. 거창한 여행 계획을 세우지 않고, 별다른 준비 없이 훌쩍 떠나도 좋다. 마음만 먹으면 언제 어디서나 나만의 여행을 즐길 수 있는 근사한 여행지가 기다리고 있다.

남도는 아름다운 바다와 멋진 산, 그리고 오랜 역사가 깃든 땅까지 무엇 하나 빠질 게 없는 완벽한 여행지다. 이번 주를 놓치면 후회할만한 곳들이 무궁무진하다. 방송을 통해 소개했던 남도 여행지를 엮다 보니 금세 남도 여행 달력 하나가 뚝딱 만들어졌다. 아직 소개하고 싶은 곳들이 수두룩한데 말이다.

크고 작은 순간이 모여 시간이 되고 세월이 되고 기억이 되는 건 인간도 자연도 마찬가지다. 인생사 모든 것이 타이밍이고 리듬감이 있어야 한다. 빠르게 달리다가도 잠시 쉬어야 하는 법이다. 일상의 쉼표가 필요한 당신에게 살랑거리는 봄바람에 수줍게 꽃망울을 터트린 남도의 봄을, 바다에서 피어 오른 묵직한 안개가 온 갯마을을 감싸 안는 풍경을 선물한다. 매일 열심히, 보통의 날을 살아가는 여러분들에게 <열 두 달 남도여행>이 좋은 여행 친구가 되길 바란다. 남도가 이런 곳이었노라, 소개할 수 있어서 영광이다.

여행작가 정지효 드림

우리는 꽤나 아는 척, 잘난 척, 사실은 너무 모르거나 혹은 전혀 모르면서 사는 일들이 많다. 예컨대 광주항쟁만 해도 그렇다. 이런 기록, 저런 다큐를 보면서 우리는 1980년에 벌어진 그때의 비극을 잘 알고 있다고 생각한다. 하지만 직접 광주를 가보면, 그래서 금남로와 충장로, 전일빌딩에 남아 있는 총탄자국을 보게 되면 우리가 결코 그 속살의 아픔을 알지 못하고 살아 왔음을 느끼게 된다. 광주를 직접 가 봤느냐, 그렇지 않았느냐에 따라 사람들의 역사인식은 확연하게 달라진다.

방송작가 정지효가 쓴 이 책 역시 우리가 남도에 대해 얼마나 알고 있었느냐에 대한 통렬한 깨달음을 주게 한다. 바로 그 점이 이 여행서가 단순한 여행기록이나 안내서가 아님을 알게 해 준다. 미황사와 달마산의 도솔암은 가보지 않은 사람은 그 비경을 온전히 느낄 수가 없다. 달마산은 꽤나 험한 곳이고 너덜겅이라 부를 만큼 기암괴석들이 즐비한데 최근 아무리 둘레 길로 개발해 놨다 해도 손쉽게 생각해서는 안될 코스이기 때문이다. 작가는 그걸 캐나다 장 마르크 발레의 영화 〈와일드〉와 비교해 놓고 있다. 〈와일드〉는 북미 대륙을 종단하는, 극한의 공간 퍼시픽 크레스트 트레일(PCT)을 여행하는 한 여인의 얘기이다. 정지효는 달마산을 헉헉대며 오르면서 잠깐이나마 영화속 여주인 공 역의 리즈 위더스푼이 됐던 모양이다. 그 지극한 환각과 환상이 나쁘지 않은 간접경험으로 다가 온다. 미황사를 다시 가고 싶게 만든다.

좋은 영화 글은, 글을 읽고 영화를 찾아 보게 만드는 글이다. 더

욱 더 좋은 영화 글은, 찾아 보는 데서 그치지 않고 그 영화를 사랑하게 만드는 것이다. 여행 글도 마찬가지다. 좋은 여행 글은 사람들로 하여금 직접 배낭을 꾸리게 만드는 것이고 더 좋은 여행 글은 자신 역시 그 여행에 대한 자신만의 여행 글을 쓰게 만드는 것이다. 수없이 많은 여행 에세이와 여행 신간에도 불구하고 정지효의 〈열두 달 남도여행〉은 그렇게 다소곳이 자신의 기억 속 공간을 활자로 옮기게끔 힘과 용기를 주는 책이다. 격렬한 여행의 후일담을 성찰의 기록으로 남기게끔 만든다. 무엇보다 미지의 탐험이어서 좋다. 무등산은 알고 있었지만 무등산 해돋이가 그렇게 좋은지는 알지 못했다. 구례는, 나홍진의 〈곡성〉때문에 가봤지만 고택(古宅)이 있는지는 알지 못했다. 신안 임자도가 튤립 천지라는 것을 어찌 알았겠는가. 청산도 슬로길은 또 무엇인가. 이 책에는 남도 출신이 아니라면 쉽게 알지 못하는 비밀의 코스가 잔뜩 담겨져 있다. 그것이야말로 이 책을 읽고 싶게 만드는 진짜 이유이다.

뭐니뭐니 해도 진짜 좋은 여행 글은 가보고 싶게 하고, 자기만의 글을 쓰게 만드는 것을 넘어 성찰하게 만드는 글이다. 머리속에 장소를 그리고, 상상하면서, 사유하게 만드는 글이다. 방송작가 출신답게 정지효의 이 책은 사색의 판타지를 준다. 그것만으로도 됐다. 여행은 어쩌면 구도의 길이고 그 구도는 이 책과 같은 학습에서 나오게 될 것이다.

영화평론가 오동진

아! 드디어 책을 냈구만. 만날 '우리 새로운 거 하자! 재밌는 거 만들자!'는 말을 입에 달고 다니더니 이렇게 재밌고 새로운 일을 찾아낸 정지효 작가가 대단하다. 정지효 작가와의 인연은 2014년에 KBS광주방송총국에서 런칭한 〈남도캠핑원정대 '별똥별'〉부터 시작됐다. 그렇게 2년 동안 동고동락하는 식구처럼 온 남도를 누비면서 참 재미있게 방송을 했다. 그 이후로 마을여행 프로그램인 〈떴다 용셰프〉도 하고, 차박 파일럿 프로그램인 〈나랑갈래?〉까지 함께 했던 세월이 길고 깊다. '앗, 그러면 여행작가 정지효를 만든 건 8할이 내 덕인가?'... (책의 지분을 요청해야겠다)

사람도 여행만큼 좋아하는 정지효 작가 덕분에 지금껏 멀리 도망가지 못하고 새로운 프로그램을 만들 때마다 '지인 D.C' 개런티로 막 호출당하고 있지만 그래도 작가님(?)의 연락은 늘 반갑다. 돌이켜 보면 〈별똥별〉 방송을 하면서 그동안 몰랐던 남도의 아름다운 풍경에 반했던 적이 많았다. '내 고향 남도가 이렇게 멋진 곳이었구나' 새삼 느낄 수 있었던 시간이었다. 그렇게 반했던 남도 여행의 모든 정보가 〈열 두 달 남도여행〉에 담겨 있다. 호들갑스럽지 않고 가식적이지도 않게, 군더더기 하나 없이 알찬 정보로 가득한 남도여행기가 정지효 작가를 닮았다. 일이든 글이든 깔끔한 건 천성인가 보다.

남도 여행 사전을 만들 듯 꼼꼼하게 엮은 열 두 달 여행 달력을 통해 많은 여행자들이 남도를 제대로 알고 마음껏 즐겼으면 좋겠다. 그리고 늘 넘치는 활력으로 촬영 현장의 기운을 돋아주는 정지효 작가랑 새로운 여행 프로그램으로 다시 만날 수 있기를 기대한다. 수고했어, 정지효!

개그맨 김용명

새롭게
시작하는
일월

광주	#무등산 #일출 #새벽산행 #눈꽃
영광	#물무산 #유아숲체험장 #할머니막걸리
구례	#쌍산재 #고택 #빵집순례
해남	#달마고도 #미황사 #편백나무

반갑다 새해! 무등산 해돋이 여행

365일마다 돌아오는 리셋reset의 날, 바로 1월 1일이다. 누구라도 새롭게 시작할 수 있는 날, 새해를 맞기에 산만큼 좋은 곳이 없다. 특히 해발 700미터 이상의 겨울 산이라면 화사한 눈꽃은 덤이다. 북풍한설쯤은 가볍게 맞아줄 결심이 섰다면 이제 산을 고를 일만 남았다. 물론 해는 어디서나 떠오르니 가까운 동네 뒷산도 훌륭한 일출 명당이지만, 일 년에 한 번 밖에 없는 새해 첫 날이 아닌가. 이 날이 아니면 산에 오를 일이 없을 수도 있으니 이왕 마음먹은 김에 새해 첫날에 어울리는 멋진 산에 올라보자. 남도에서 지리산, 덕유산과 함께 새해 일출 명소로 사랑받는 곳이 광주 무등산이다. 무등산은 사계절 내내 아름다운 풍경을 선사하지만 그 중 최고를 꼽는다면 새하얀 눈꽃을 배경으로 정상 일출을 볼 수 있는 겨울 무등산이 단연 최고다.

Q 등산 초보도 가능할까?

무등산은 광주 시내 어디에서나 고개만 들면 볼 수 있는 산이다. 인구 100만 명이 넘는 대도시에 해발 천 미터가 넘는 산을 품은 도시는 광주가 거의 유일하지 않을까. 그렇게 높게 보이는 서울 남산도 고작 265m밖에 되지 않으니 말이다. 오래 두고 사귄 벗처럼 늘 가까이에 있어서 그런지 광주 시민들에게 무등산 산행은 그리 어려운 도전이 아니다. 국립공원 중에서 충북 월악산이나 강원도 치악산과 비슷한 높이지만 등산의 강도는 다르다.

무등산의 등산 코스는 옛길을 따라 산 능선을 돌아볼 수 있는 무돌길부터 토끼등·새인봉·중봉에 오르는 중급 코스와 입석대·서석대까지 오르는 상급 코스까지 다양하다. (아쉽게 무등산 정상인 천왕봉은 공군부대가 주둔하고 있어서 일 년에 두 차례 정도만 입산이 허용된다) 특히 무등산이 국립공원으로 지정된 이후 전국에서 탐방객들이 찾아오면서 코스별로 등산로 정비도 잘 돼 있다. 간단한 겨울 산행 장비와 옷차림만 제대로 챙긴다면 산길이 서툰 등산 초보라도 무등산을 오르는 게 어렵지 않다. 이름부터 '무등(無等)', 뜻풀이 그대로 만인에게 평등하게 너른 품을 내어주는 무등산이다.

무등산의 주요 등산로는 증심사와 원효사 입구에서 시작된다. 내친 김에 산 정상부인 입석대와 서석대까지 오를 계획이라면 원효사에서 출발하는 것이 좋다. 원효사 입구에서 입석대·서석대까지 오르는 길은 크게 세 코스로 나뉜다. 첫 번째 코스는 총 길이 7.3km의 산길로 꼬막재와 규봉암을 거쳐 장불재로 이어진다. 두 번째 코스는 늦재삼거리에서 출발해 동화사터, 중봉, 서석대, 장불재를 거쳐서 입석대·서석대까지 오르는 6.9km의 길이다. 세 번째 코스는 무등산 옛길을 따라 올라가면 된다. 사실 겨울이 아니라면 무등산 옛길을 강력하게 추천하고 싶지만 겨울철 무등산 옛길은 잠시 피하는 것이 좋다. 사람의 발길이 많이 닿지 않은 숲속 오솔길인데다 겨울에는 대부분 눈이 덮여 있어서 자칫 사고로 이어질 가능성이 높기 때문이다. 새해 일출 여행은 늦재삼거리에서 큰 길을 따라 이어지는 등산로를 선택하는 것이 가장 안전하다.

Q 무등산 정상까지 가는 길은?

원효사 입구에서 늦재삼거리를 거쳐 20분 정도 올라가면 아담한 전망대를 만날 수 있다. 전망대라고 해 봐야 길에서 조금 벗어난 곳에 설치된 작은 나무발판이 전부지만 광주의 멋진 시티뷰를 한 눈에 조망할 수 있는 곳이다. 무등산이 국립공원으로 지정되기 전에는 광주 시민들이 야간 데이트 코스로 자주 찾던 곳이었는데 지금은 야간 산행이 금지됐다. 아쉽게 밤 도시 풍경은 추억으로 남았지만 멋진 시티뷰는 그대로다.

그렇게 겨울 산길을 1시간쯤 오르면 무등산이 자랑하는 겨울 비경이 눈앞에 펼쳐진다. 장불재로 향하는 마지막 고개 옆으로 거대한 얼음벽이 시선을 압도하는데 암벽을 타고 흐르던 물이 얼면서 커다란 고드름 벽을 만든 것이다. 무등산 천왕봉에서 시작된 1급수 계곡물이라 고드름마저 맑고 투명하다. 예전에는 등산하다가 목이 마르면 고드름을 하나씩 따서 물 대신 먹기도 했는데 국립공원이 되면서 금지됐다. (광주 시민들이 오랫동안 얼음벽 앞에서 즐겼던 눈썰매도 지금은 금지된 놀이다.)

얼음벽 고개를 돌아서면 무등산 정상의 베이스캠프 역할을 하는 장불재 평원이 나타난다. 장불재는 새해 일출 명소로 가장 많이 찾는 곳인데, 평원이 넓고 쉼터 같은 편의시설이 마련돼 있어서 해가 떠오를 때까지 삼삼오오 모여서 차도 마시고 이야기도 나누며 기다릴 수 있다.

장불재 말고 무등산 정상에서 일출을 보고 싶다면 3~40분쯤 더 산행을 해야 한다. 천왕봉이 입산 통제된 후, 무등산에서 실질적인 정상 역할을 하고 있는 서석대까지 좁은 산길이 이어지는데 나무마다 새하얀 눈꽃(상고대)이 내려앉아 아름다운 겨울왕국을 만든다. 조금씩 밝아오는 여명에 보석처럼 빛나는 눈꽃 터널을 지나면, 드디어 서석대 도착! 수정 병풍처럼 우뚝 솟아 고고하면서 수려한 기품을 자랑하는 게 천연기념물로 지정된 주상절리대답다. 9천만 년 전 화산활동으로 만들어진 무등산 주상절리대는 입석대·서석대·규봉으로 대표된다. 규봉은 오랜 세월 동안 풍화가 많이 진행되면서 부드러운 원기둥 모양이지만 입석대와 서석대는 날렵한 주상절리대 모습을 여전히 유지하고 있다. 세계문화유산에 빛나는 서석대를 배경삼아 운해 너머로 떠오른 일출은 가슴 벅찬 감동을 선사한다.

Q 언제 출발할까요?

겨울철 새벽 산행이다 보니 시간은 넉넉하게 잡는 게 좋다. 원효사 입구에서 장불재까지 약 3시간 정도 걸리는데 새벽 4시 전에 출발하는 것이 여유가 있다. 옛 말에 산에서 보는 일출은 삼대가 덕을 쌓아야 볼 수 있다는 말이 있다. 산 정상의 날씨는 늘 변수가 뒤따르기 때문이다. 사는 게 다 그렇지만 계획했던 일이 항상 뜻한 대로 모두 이뤄지는 것은 아니다. 무등산에서 새해 일출을 직관하지 못했다고 실망할 필요는 없다. 새해 첫날에 만난 무등산은 새벽 한설을 뚫고 오를만한 가치가 있고 또 그렇게 새로운 일 년을 살아갈 힘을 줄 것이다.

함께 걷는 행복숲길, 영광 물무산

사계절을 겪어보면 겨울만큼 낭만적인 계절이 없다. 코끝을 시큰하게 얼리는 알싸한 겨울바람을 맞으며 여행을 해 본 이들은 알 것이다. 겨울에 홀로 즐기는 여행만큼 오랫동안 여운을 남기는 추억이 없다는 사실을 말이다. 전 세계가 지금껏 경험하지 못한 팬데믹을 살아가는 시대에 호젓하게 겨울 여행을 즐길 수 있는 곳이 영광에 있다. 굴비의 고장이자 바다 여행지로 사랑받는 영광이지만 바다처럼 매력적인 산과 숲을 품고 있다. 그 중에서 요즘 걷기 여행지로 각광받고 있는 <물무산 행복숲>은 겨울에 꼭 걸어봐야 하는 영광의 길이다.

Q 물무산은 어떤 산인가요?

물무산은 영광읍에서 그리 멀지 않은 '영광생활체육공원' 바로 옆에 있다. '물무산 행복숲'은 2018년에 '종합 산림복지숲'으로 새롭게 단장된 곳이다. 숲의 기능은 그대로 보존하면서 숲길 곳곳에 '둘레길 트랙킹 코스'와 유아숲 체험장, 편백명상원 같은 다양한 숲체험 공간들이 마련돼 있다.

물무산은 해발 257m 정도의 야트막한 산으로 등산의 개념보다는 숲길을 따라서 산을 한 바퀴 돌아본다고 생각하면 된다. '숲속 둘레길'은 계단이 없는 완전 평지형 숲길이어서 남녀노소 누구나 쉽게 돌아볼 수 있다. 특히 황톳길을 그대로 유지한 숲길이라 숲이 주는 건강한 기운까지 듬뿍 받으면서 산책할 수 있다. '숲속 둘레길'은 총 세 가지 코스로 나눠져 있어서 시간에 따라 선택하면 되는데 가장 긴 코스가 10㎞로 성인 걸음으로 3시간이면 족하다.

Q 가족끼리 걸어도 좋을까요?

'물무산 행복숲'이라는 이름으로 첫 개장한 2018년 당시, 일년 만에 10만여 명이 다녀갈 정도로 인기가 높았던 곳이다. 특히 '유아숲 체험장'은 나무를 이용한 다양한 놀이기구와 물놀이장이 있어서 가족여행지로 많은 사랑을 받았다. 아름드리나무들로 우거진 숲 속 황톳길을 따라서 맨발로 숲길을 걸어보는 것도 특별한 경험이 된다. 3시간 정도 숲길을 걸으면서 피톤치드를 흠뻑 마시면 온 몸에 건강한 기운이 도는 걸 느낄 수 있다. 덕분에 겨울에 깔깔했던 입맛도 살아나서 밥맛도 좋아진다. 물무산은 영광읍과 묘량면을 품은 산인데 바로 옆으로 대동면이 맞닿아 있다. 그곳에 가면 술맛 좋기로 유명한 막걸리 주조장이 있다. 일명 '대마 할머니 막걸리'로 불리는 전통주를 빚는 술도가다. 방송 촬영으로 인연을 맺었던 주인 할머니의 술맛은 가히 일품이었고 오래도록 단골이 됐지만, 아쉽게 몇 해 전에 할머니께서 세상을 떠나신 후에 아드님이 대를 이어 막걸리를 빚고 있다. 대마할머니께서 친정에서 배운 전통 비법 그대로 빚은 막걸리는 달콤하면서도 톡 쏘는 맛이 일품인데 영광 법성포 보리 굴비 정식과 궁합이 잘 맞는다.

1월 둘째 주 함께 걷는 행복숲길, 영광 물무산

새해 기찬 여행, 구례 고택 투어

나이 때문인가. 언제부터인가 새해가 되면 일부러 일출도 보러 가고 일 년 동안 좋은 기운을 받을 수 있는 곳을 찾아다니기도 한다. 그런 면에서 명당 투어는 새해 첫 달에 참 잘 어울리는 여행이다. TV 한옥스테이 프로그램 (TVN '윤스테이')으로 유명해진 구례 쌍산재는 대대로 터 좋기로 소문난 명당이다. 쌍산재가 자리한 터는 전남 구례군 마산면 사도리 상사마을이다. 해주 오씨 집안의 종가집으로 현재 6대손이 터를 지키며 쌍산재와 함께 살아가고 있다. 풍수지리학적으로 큰 산과 강이 만나는 곳은 두 번 볼 것 없이 명당으로 꼽히는데 상사마을은 지리산과 섬진강이 만나는 딱 그곳에 있다. 명당이라서 그런지 쌍산재가 있는 상사마을은 전국에서 알아주는 장수마을이기도 하다.

장수마을을 소개할 때 어김없이 등장하는 것이 장수의 비결이다. 상사마을의 장수 비결은 마을 샘물에 있다. 쌍산재 대문 바로 앞에 마을 샘물인 당몰샘이 있다. 샘물을 에워싼 담장 돌에 새겨진 글귀가 가장 먼저 눈에 띈다. '천년 마을에 있는 이슬처럼 달콤하고 영험한 샘'이라니, 어찌 맛보고 가지 않을 수가 있을까. 고려시대 이전부터 마을 주민들의 식수를 책임졌던 당몰샘은 지리산 약초가 녹아내린 샘물답게 맛도 맛이지만 몸에 좋은 무기질과 미네랄이 풍부한, 말 그대로 약수다. 당몰샘은 2004년 한국관광공사에서 선정한 전국 10대 약수터 중의 하나인데, 겨울에도 물이 잘 얼지 않고 사계절 내내 물이 마르지 않아서 일 년 365일 언제나 약수를 마시러 온 이들의 발길이 끊이지 않는다.

Q 쌍산재의 매력은?

당물샘 약수로 잠시 목을 축였다면 본격적으로 쌍산재를 둘러보자. 사실 조선시대 고택이라고 하면 으레 아흔 아홉 칸짜리 고래등 기와집을 상상하기 쉽지만 구례에서 만난 쌍산재는 다르다. 고개를 한껏 치켜들어야 한눈에 들어오는 웅장한 솟을대문도 없이 좁다란 계단으로 이어진 작은 대문을 통과하면 그만이다. 대문 안으로 들어섰다고 해도 상상 속 대갓집은 찾아 볼 수 없다. 아흔 아홉 칸은커녕 집 안의 작은 오솔길을 따라 올망졸망한 작은 건물들이 군데군데 떨어져 있어서 집안 전체를 한 눈에 담기란 불가능에 가깝다. 상상했던 웅장한 고택은 아니지만 터의 생김새대로 집을 짓고 가꾼 덕에 보는 이들의 마음까지 편안하게 만들어주는 묘한 매력이 넘친다. 대문 안으로 들어가서 보지 않으면 그 깊이를 알 수 없고, 둘러볼수록 신기한 것들 투성이인 곳이 쌍산재인 것이다. 대문 옆 행랑채와 사랑채를 지나면 좁다란 오솔길이 길게 이어지는데, 그 길을 따라 조금만 더 올라가면 푸른 대숲이 기다리고 있다. 대숲 사이에 지은 '호서정'은 작은 방과 마루가 맞붙어 있는 작은 정자로 대숲 일렁이는 소리를 벗 삼아 시리산 능선과 상사마을 늘녘을 조망할 수 있는 훌륭한 쉼터이자 전망대가 돼 준다. '호서정'을 뒤로 하고 다시 대숲 길을 오르면 그 길 끝에 너른 잔디밭 정원을 품은 서당채를 만날 수 있다. 한 겨울에도 매서운 바람이 들이

치지 않고 햇살 한줌까지 오롯이 받아내는 너른 마당과 작은 정원이 있어서 누구의 방해도 받지 않고 자연을 만끽하며 휴식을 취할 수 있다. 특히 겨울과 봄 사이에 서당채의 매력은 빛을 발하는데, 그 이유는 서당채 바로 앞이 동백나무 정원이기 때문이다. 서당채 마루에 앉아서 정원에 핀 동백꽃을 바라보고 있으면 세상 근심걱정 하나 없이 힐링되는 기분을 느낄 수 있다.

쌍산재 서당채에는 숨겨진 또 하나의 매력이 있다. 툇마루에서 이어진 작은 오솔길 끝에 작은 문이 있는데 왠지 일본 애니메이션에 등장하는 도라에몽의 '어디로든 문'처럼 우리를 미지의 세계 어디론가 데려가 줄 것만 같은 느낌이 든다. 과연 문 너머에는 어떤 풍경이 기다리고 있을까. 혹시나 했던 일은 대부분 역시나로 끝나기 마련이지만 이 문은 방문객들을 실망시키지 않는다. 즐거운 상상과 함께 열린 문 너머로 쌍산재가 자랑하는 최고의 비경이 펼쳐져 있다. 마치 다른 세계로 들어선 것처럼 그곳에 있을 거라고는 누구도 짐작하지 못했을 아름다운 호수가 단숨에 우리의 시선을 사로잡는다. 사철 푸른 숲을 배경으로 겨울 햇살에 반짝이는 잔잔한 윤슬이 보석보다 더 빛나는 아름다움을 뽐내는 곳이다. 진짜 한 폭의 그림 같다는 말이 딱 이곳을 보고 말하지 않았을까 싶다.

Q 숙박이 가능할까요?

구례 쌍산재의 문은 누구에게나 열려 있다. 6대째 고택을 지켜 온 종손 가족은 고택의 매력을 여럿이 함께 즐기기 위해 다양한 노력을 해 오고 있다. 쌍산재에서 운영하고 있는 한옥 숙박 체험프로그램도 그 노력의 일환이다. 주말이면 예약 경쟁이 치열할 정도로 인기가 높지만, 터 좋기로 이름난 명당 쌍산재에서 하룻밤 묵으면 좋은 기운도 듬뿍 받을 수 있으니 예약 경쟁의 수고로움을 마다할 이유가 없다.

Q 쌍산재 같은 고택이 또 있나요?

구례에는 쌍산재와 쌍벽을 겨루는 명당이 있는데 토지면에 자리한 고택 운조루가 그 곳이다. 예부터 풍수지리학에서 말하는 3대 명당 터가 있다. 금거북이가 진흙 속에 묻힌 터라는 '금귀몰니'와 금가락지가 떨어진 터를 뜻하는 '금환락지', 그리고 다섯 가지 보물이 쌓인 '오보교취'가 명당의 조건으로 손꼽힌다. 명당의 이 세 가지 조건을 모두 갖춘 곳이 바로 구례 운조루이다. '구름 속에 새처럼 숨어사는 집'이라는 뜻의 운조루(雲鳥樓)는 조선 영조 때 낙안 군수를 지냈던 '유이주'가 지은 집이다. 집터를 닦을 때 부엌 자리에서 거북처럼 생긴 돌이 발견됐는데 그곳이 상서로운 기운의 '금귀몰니' 명당임을 보여주는 성물이었고, 행랑채 밖 연못 자리는 대표적인 '금환락지' 명당이다. 그리고 유이주가 집을 지을 때 마을 입구에 세운 돌탑 자리는 '오보교취'의 명당 터이다.

　　유씨 집안은 운조루에 터를 잡은 후에 대대손손 자손이 번성하고 재산이 늘었다고 한다. 기운 좋은 터에 자리 잡은 고택이라서 그런지 집안 구석구석까지 따뜻한 햇살이 들어와 좋은 기운을 가득 채워준다. 가난하고 배고픈 이웃들을 위해 쌀 뒤주의 문을 열어뒀다는 '타인능해'의 마음은 운조루의 정신이기도 하다. 누구에게나 대문을 열어두고 마음을 나눴던 운조루는 현재 9대손 종부와 그의 며느리가 지키고 있다.

전국 최고의 명당 터답게 일 년 내내 찾아오는 발길이 끊이지 않는데, 낯선 이들의 방문에도 불편한 기색 하나 없이 늘 손님들을 반갑게 맞아주고 계신다. 구례 여행길에 운조루에 잠시 들를 수 있다면 꼭 툇마루에 앉아보자. 운조루 툇마루에서 마주 보이는 지리산 풍경이 또 천하일색이다. 마을을 부드럽게 감싸 안은 지리산 능선에 구름이 걸쳐있는 풍경은 바쁘고 지친 일상 속에서 문득 생각나는 인생 한 컷이다.

Q 구례에서 더 둘러볼 곳은?
구례 여행을 마음먹었다면 최근 인기를 끌고 있는 구례 핫플레이스도 찾아가 보자. 지리산과 섬진강만큼이나 요즘 구례에서 인기 있는 여행상품은 빵이다. 빵지 순례라는 말이 나올 정도로 전국적인 인기를 얻고 있는데 구례 빵지 순례길은 구례읍사무소 앞 구례성당에서 시작된다. 구례성당은 멀리서도 눈에 띌 정도로 이국적인 매력을 뽐낸다. 두꺼운 벽체와 다각형 돔의 로마네스크양식, 그리고 장방형의 비잔틴 바실리카양식으로 지어진 근대 건축물이다. 1950년대 공소가 지어졌던 자리에 1992년 신축된 성당이지만 옛 건축 방식을 그대로 살려서 고풍스런 구례읍내 분위기와 잘 어울린다.

구례 빵지 순례길은 구례성당에서 출발해 '월인정원', '구례 양과자점'을 시작으로 '목월빵집'과 '굿베리 베이커리' 등으로 이어진다. 특히 <목월빵집>은 구례 밀을 비롯해 모든 주재료가 지역에서 생산하는 로컬푸드이다. 대학 졸업 후 고향인 구례에 다시 돌아온 빵집 청년 사장님이 매일 갓 구운 빵을 내놓는다. 그가 만든 구례 빵이 입소문이 나면서 매일 빵집 앞은 줄서기 행렬이 이어지는데 구례에서만 맛볼 수 있는 특별한 빵들이 많다. 구례 빵지 순례길에서 만난 빵들의 이름도 구례스럽다. '제철나물피자', '산동막걸리 오곡빵', '수제햄 젠피빵', '구례 곶감 크림치즈 통밀빵'까지 이름처럼 맛도 좋은 인기 빵들은 금세 매진되니 발걸음을 살짝 서둘러야 할지도 모른다.

구도의 길, 해남 달마고도

땅끝마을 해남은 걷기에 참 좋은 곳이다. 달마산 중턱에 터를 잡은 미황사는 걷기여행자들이 사랑하는 트래킹 명소이다. 일명 '달마고도 트랙킹'으로 불리는 이 곳은 해남 미황사를 지금의 모습으로 일군 금강스님이 단장한 길이다. 2021년 이른 봄, 금강스님은 30여 년 동안 몸담았던 미황사를 떠났지만, 그 분의 손길은 여전히 미황사 곳곳에 남아있다. 큰스님이 옛 사람들이 오가던 숲길을 그대로 복원해 조성한 달마산 숲길도 '해남 달마고도'라는 이름으로 여전히 많은 이들의 사랑을 받고 있다.

Q 미황사는 어떤 곳인가요?

미황사는 1990년대까지만 해도 낡고 오래돼 조금씩 허물어져 가던 작은 사찰에 불과했다. 오랫동안 방치돼 옛 모습을 잃은 미황사가 안타까웠던 금강스님은 손수 땅을 고르고 나무를 심으면서 경내를 가꿨다. 하루도 쉬지 않고 어찌나 일만 하셨던지 '지게스님'이라는 별명까지 생길 정도였다고 한다. 그렇게 금강스님의 땀과 노력으로 미황사는 해남을 대표하는 아름다운 사찰로 다시 태어날 수 있었다.

미황사가 자리한 달마산은 한반도의 끝이자 소백산맥의 기맥이 멈춰선 곳에 우뚝 솟은 마지막 돌산이다. 전라도와 경상도를 품은 지리산의 산자락이 곡성, 화순, 영암, 강진, 해남까지 이어진 남도 오백 리 숲길의 마지막 종착지이기도 하다. 예부터 전해오는 전설에 의하면 신라 시대에 인도에서 경전과 불상을 싣고 온 돌배가 땅끝마을 항구에 닿았는데 돌배에 실린 경전과 불상을 지고 가던 소가 누운 자리에 들어선 절집이 미황사라고 한다. 보물을 품은 사찰이라서 그런가. 미황사 대웅보전 뜰에서 바라보이는 달마산의 봉우리는 마치 미황사를 호위하고 있는 것처럼 웅장하고 압도적이다. 특히 매월당 김시습이 '일출은 낙산사, 일몰은 미황사가 최고라고 했다'고 할 정도로 일몰 풍경이 아름다운 사찰이기도 하다.

Q 달마고도 길이 궁금해요?

금강스님이 만든 달마고도 길에는 '천년의 세월을 품은 태고의 땅으로 낮달을 찾아 떠나는 구도의 길'이라는 뜻이 담겨 있다. 천년의 땅에 뜬 낮달이라니, 듣는 순간 여행자의 호기심을 자극하는 근사한 이름이다. 이름처럼 걷는 길도 근사하다. 2017년 11월에 첫 길이 열린 달마고도는 달마산 일원에 조성한 17.8km의 둘레길이다. 미황사에서 출발해서 큰바람재, 노시랑골, 몰고리재로 이어지는데 처음 떠났던 그 자리로 다시 돌아오는 회귀형 트래킹 코스다.

    달마고도의 특별함은 다른 둘레길과 달리 호미와 삽, 그리고 지게를 이용해 사람들이 직접 손으로 만들었다는 점이다. 깎아지른 듯 한 절벽에도 그 흔한 나무 데크나 난간용 밧줄 같은 인공 시설물이 전혀 없다. 그저 돌을 쌓아 경계석을 만들어 길을 이었을 뿐이다. 세월이 쌓여 자연스럽게 편안한 길이 되도록 자연의 흙과 돌을 고집한 것이다. 산을 정복하기보다는 산과 함께 걸으며 바다, 섬, 마을을 편안하게 둘러볼 수 있는 길이다. 그 옛날 스님들이 대흥사와 미황사를 오가던 옛길을 다듬어 만든 길답게 자연을 벗 삼아 걷는 즐거움이 크고 깊다.

Q 등산 준비를 해야 할까요?

달마고도 길을 한 바퀴 완주하는데 걸리는 시간은 일반 성인 걸음으로 약 6시간 정도다. 총 네 개의 코스가 마련돼 있는데 숲 트래킹을 처음 하는 초보자부터 산행에 익숙한 경험자까지 자신의 수준에 맞게 선택하면 된다. 여행자들이 즐겨 걷는 길은 2.72km 산책로 코스로 미황사 일주문에서 완도가 보이는 해안절벽까지 이어지는 길이다. 서너 시간이면 쉬엄쉬엄 오갈 수 있고 숲과 바다를 한꺼번에 조망하며 걸을 수 있어서 남녀노소 누구에게나 추천하는 길이다.

특히 달마산 숲은 소사나무와 편백나무가 많아서 나무의 좋은 성분을 듬뿍 받으면서 걸을 수 있다. 겨울 동안 실내에만 있으면 몸도 여기저기 결리고 입맛이 없을 때가 많은데 달마고도를 걷다보면 막혔던 코도 뻥 뚫리고 머리도 개운해지는데다 잃었던 밥맛까지 찾을 수 있다. 봄에는 달마산 곳곳이 온통 진달래 천지다. 파란 하늘과 바다를 벗 삼아 연둣빛 숲과 어우러진 진달래꽃길을 걸을 수 있다.

Q 달마고도에서 가장 특별한 곳은?

달마고도 길을 만든 금강스님은 '천천히, 기쁘게, 편안하게 걷는 발걸음'으로 길을 누려보라는 당부의 말을 남겼다. 서두른다고 17.8km의 길을 금방 걸을 수 없으니 서두르거나 욕심내지 말고, 자신의 발걸음에 맞춰 편안하게 걸으라는 것이다. 가다보면 언제가 가고자 했던 곳은 나타나기 마련이기 때문이다.

숲길의 매력에 취해 갈 무렵 갑자기 시야가 트이면서 마치 산사태가 난 듯 온통 바위투성이인 '너덜겅'이 나타난다. '너덜겅'은 오랜 세월 동안 산의 바위들이 부서져 흐르다 멎은 돌무더기를 말한다. 그런데 달마고도에서 만난 너덜겅은 규모부터 남다르다. 길이는 수백 미터에, 폭은 수십 미터에 이른다. 달마고도에는 이러한 너덜겅이 스무 곳이 넘는다. 산비탈을 뒤덮은 바위 무더기를 오로지 사람들의 손으로 옮기고 쌓아서 달마고도 길은 이어져 있다. 그들의 노고가 어떠했을지 짐작조차 되지 않는다. 수행하는 마음으로 너덜겅 오솔길을 따라 비탈 위에 서면 멀리 땅끝마을 들녘과 남해바다까지 한 눈에 들어온다. 한없이 탁 트인 풍광에 턱까지 차 오른 숨도, 묵직해진 다리도 대수롭지 않다. 그 순간 나는 세상에서 가장 행복한 자유인이다.

걷기 여행은 혼자여도 좋고 함께여도 좋다. 어느 계절에 걸어도 최고의 추억을 선사한다. 우리가 길 위에서 얻을 수 있는 건 생각보다 많다. 누구나 한 번은 길을 잃을 수도 있고 누구나 한 번은 새로운 길을 만들기도 한다. 인생이 힘들고 꼬일 때, 사람에게 지치고 치일 때 그냥 걸어보자. 아무 목표 없이 그저 두 발에 힘을 실어 땅바닥을 박차고 나아가는 단순한 행위가 쌓이다 보면 어느 순간 어깨를 짓누르던 모든 것들이 사라지는 걸 느낄 수 있다. 새털처럼 가벼워진 마음은 어떤 장애물도 무섭지 않고 새로운 길을 걸을 수 있는 용기를 줄 것이다.

"나는 모든 일이 이전과 달라지기를 바랐다. 내게 부족한 것은 황무지였고 나는 내 자신의 길을 저 숲 속 너머에서 찾아야 했다."

셰릴 스트레이드, 〈와일드(Wild)〉

마음속엔 몽글몽글
봄의 아지랑이
이월

광양	#백운산 #고로쇠 #숯불구이축제
고흥	#우주천문과학관 #별자리 #밤바다
여수	#오동도 #음악분수 #방풍나물
장흥	#천관산 #동백숲 #동백꽃

신비의 약수가 기다리는 광양 백운산

2월은 참 애매하다. 얼굴을 스치는 바람은 여전히 겨울 칼바람인데 마음속은 몽글몽글 봄의 아지랑이가 피어오른다. 겨울과 봄 사이, 계절을 앞서는 여행은 색다른 재미와 즐거움을 선사한다. 특히 2월의 백운산은 특별한 봄 손님이 기다리고 있어서 해마다 놓치지 않고 찾는 여행지다. 광양 백운산은 소백산맥에서 뻗어 나온 호남의 명산이다. 서쪽으로는 도솔봉·형제봉(1,125m), 동쪽으로는 매봉(867m)을 중심으로 4개의 지맥을 가지고 있으며 섬진강을 사이에 두고 지리산과 남북으로 마주보고 있다. 무엇보다 일 년 내내 계곡 물이 마르지 않는 산으로 다압면 금천리로 흐르는 금천계곡, 진상면 수어저수지로 흐르는 어치계곡, 도솔봉 남쪽 봉강면으로 흐르는 성불계곡, 옥룡면의 젖줄인 동곡계곡까지 4대 명품 계곡을 품고 있다. 그래서일까. 남한에서는 한라산 다음으로 식생이 잘 보존돼 있어서 자연생태계 보호구역으로 지정되어 있다. 백운란·백운쇠물푸레·백운기름나무·나도승마·털노박덩굴 같은 희귀식물을 포함해 9백여 종의 식물과 나무들이 백운산을 터전 삼아 살아가고 있다. 특히 단풍나무과에 속하는 고로쇠나무는 봄이면 수액을 채취하는 귀한 나무로 우리에게 신비의 약수를 내어준다.

Q 고로쇠 약수는 언제부터 나오나요?

입춘이 지나면 고로쇠 수액이 나오기 시작해서 음력 설을 기점으로 본격적인 채취가 이뤄진다. 겨우내 얼었던 산과 계곡이 녹으면 고로쇠나무에 물이 돌기 시작하는데 이맘때 나오는 고로쇠 수액이 약수다. 하늘이 내린 신비의 약수라고 알려진 백운산 고로쇠 수액은 풍수지리 대가인 도선국사와 인연이 깊다. 도선국사가 광양 백운산에서 도를 깨우치기 위해 가부좌를 틀고 수양을 하다가 일어서려는데 무릎이 펴지지 않아 옆에 있는 나뭇가지를 잡은 순간 나뭇가지가 부러지면서 수액이 떨어졌다고 한다. 도선국사가 그 수액을 받아서 마신 후에 곧바로 일어설 수 있었다고 해서 뼈에 이롭다는 의미로 골리수라 불렸고 지금의 '고로쇠'가 되었다고 한다.

백운산에서 맛볼 수 있는 고로쇠 수액은 해발 1,000m 이상의 고지대에서 자라는 고로쇠나무에서 채취하는데 허가를 받은 마을 주민들만 채취가 가능하고 기간과 양이 정해져 있다. 한마디로 리미티드 에디션 limited edition 약수인 셈이다. 시원하면서 달큰한 맛이 특별하고 칼슘과 마그네슘이 풍부해서 여러 잔을 마셔도 질리지 않는다. 고로쇠 수액을 마실 때는 3일 동안 18리터(한 말) 정도 마시면 몸에 잔병이 생기지 않고 여름 더위를 타지 않으며 뼈가 아픈 데 일정한

효험을 볼 수 있다고 한다. 물론 사람마다 개인차가 있겠지만 백운산 구경도 하고 몸에 좋은 약수도 마실 수 있어서 2월 백운산에는 늘 여행자들로 북적인다.
백운산에는 고로쇠만큼 특별한 봄 손님이 있다. 바로 동백이다. 백운산 자락이 이어진 옥룡면 백계산(505m)남쪽에 천연기념물로 지정된 동백숲이 기다리고 있다. 동백숲이 자리한 터는 옛 옥룡사지가 있던 곳이다. 신라 말기에 도선국사가 35년 동안 머무르며 수백 명의 제자를 가르치다 입적한 곳으로 한국 불교역사에 매우 중요한 위치를 차지하는 불교성지다. 하지만 안타깝게도 신라시대를 주름잡던 옥룡사의 모습은 이제 볼 수 없다. 군데군데 남아있는 주춧돌만이 그곳이 사찰 터였음을 짐작하게 해 줄 뿐이다. 도선국사와 그의 수제자인 통진대사를 기리는 비와 탑도 1920년 즈음에 모두 없어져 버렸다. 대신 도선국사가 옥룡사를 중수할 당시에 주변 땅의 기운을 보강하기 위해 심었다는 동백나무숲은 남아있다. 옥룡사지 터를 중심으로 동백나무 7천여 그루가 7ha에 거쳐 울창한 숲을 이루고 있다. 수백 년 이상 터를 지켜 온 아름드리 동백나무가 우거져 있는 풍경이 여수 오동도 동백숲과 비슷하다. 오랜 세월을 버텨온 나무지만 땅의 기운이 좋아서 그런지 옥룡사지 동백꽃은 크고 화사하다. 옥룡사지 주변의 숲길을 따라서 산책로가 마련돼 있어서 동백꽃을 길동무 삼아 둘러보기 좋다. 지금껏 옥룡사가 남아있었다면 금상첨화였겠지만 그래도 도선국사가 고르고 가꾼 명당 터라고 하니 좋은 기운도 받을 겸, 고로쇠 마시고 오는 길에 옥룡사지 터를 한 바퀴 돌아보는 건 어떨까.

Q 고로쇠 약수와 어울리는 음식은?

백운산 고로쇠 수액은 충분히 많이 마시는 것이 중요하다. 그러기 위해서는 짭조름한 음식이 제격이다. 광양은 예로부터 숯불구이가 유명하다. 그중 최고의 일미는 청동화로에 참숯을 피워 구리석쇠에 구워 낸 '광양불고기'를 꼽을 수 있다. '천하일미 마로화적'답게 매년 가을이면 아름다운 광양 서천변을 배경으로 '전통숯불구이축제'가 열릴 정도로 전국적인 사랑을 받고 있는 광양의 별미다. 최근에는 닭과 염소의 살코기만 양념에 재워 참숯에 구워 먹는 숯불구이가 한우만큼 사랑받고 있다. 쫄깃쫄깃 씹히는 살코기에 단짠단짠(달콤하고 짭조름한)한 양념, 여기에 참숯 향까지 더해진 광양표 숯불구이는 고로쇠 수액과 환상의 궁합을 자랑한다.

달나라 별별여행, 고흥 우주천문과학관

새해 첫 번째 보름달이 뜨는 정월대보름은 설을 보내고 열닷새 만에 돌아오는 세시 명절이다. 어릴 적에 정월대보름 날이면 오곡찰밥과 온갖 나물들이 상 위에 차려지고 호두나 땅콩 같은 부럼을 깨 먹으면서 밤새 가족들과 수다를 나눴던 추억이 있다. 전설에 따르면 정월대보름에 잠을 자면 눈썹이 하얗게 변한다고 한다. 하룻밤 숙면과 고운 눈썹을 바꿀 수는 없는 법, 차라리 잠 못 이룰 보름밤을 마음껏 즐겨보는 건 어떨까. 정월대보름을 확실하게 지새울 수 있는 곳이 우주도시 고흥에 있다.

Q 우주도시 고흥에서 밤을 지새울 즐길 거리는?

2013년 1월 30일 오후 4시, 우리나라 최초의 우주 발사체인 나로호가 고흥 하늘을 힘차게 날아올랐다. 이후 우주항공도시로 주목받은 고흥에는 다양한 우주 관련 시설들이 들어섰다. 그 중 별과 달을 관측할 수 있는 천문대 두 곳이 문을 열었는데 내나로도에 자리 잡은 '덕흥천문대'와 녹동항 근처에 문을 연 '우주천문과학관' 두 곳이다. '덕흥천문대'가 교육 중심의 전문적인 시설이라면 '우주천문과학관'은 천체 기술과 별자리를 살펴볼 수 있는 전시·체험시설로 여행자들이 자주 찾는 고흥의 관광명소다.

고흥우주천문과학관은 도양읍 장기산 정상에 자리 잡고 있다. 천문대답게 별자리를 관측할 수 있는 전문 장비를 갖추고 있는데 최첨단 800mm 주 망원경을 비롯하여 200mm 크기의 보조 망원경 9대와 12개의 교육용 망원경, 그리고 돔스크린이 설치된 천체투영실과 야외 전망대를 갖추고 있다. 밤에는 성운·성단 등 각종 별자리를 관측할 수 있고 낮에는 태양 흑점을 관측할 수 있다. 특히 오목거울을 사용하는 800mm 반사망원경은 전국적으로 몇 개 없는 귀한 장비로 사람 눈의 1,300배가 넘는 집광력을 가지고 있어서 정확한 별자리 관측이 가능하다.

Q 밤에만 가야 하나요?

고흥우주천문과학관은 정식 개장시간은 오후 2시다. 밤이 되기 전인 오후 2시부터 5시40분까지 태양관측이 가능하다. 5시40분 이후에는 태양의 고도가 낮아서 관측이 힘들기 때문에 오후 6시 40분까지 일종의 브레이크타임을 갖는다. 태양이 완전히 지평선 너머로 지고 별이 뜨는 6시 40분부터 다시 문을 여는데 밤 10시까지 시간대별로 별자리 설명과 천체관측이 이뤄진다. 계절에 따라서 관측 시간표가 달라지기 때문에 방문 전에 시간표를 확인해야만 헛걸음을 하지 않는다.

아는 만큼 보인다고, 별자리 설명을 사전에 듣고 관측을 하면 안 보이던 별들이 눈앞에서 반짝이기 시작한다. 무엇보다 천문과학관 직원들이 눈높이에 맞춰서 친절하게 설명을 해 주기 때문에 별자리 구경하는 재미도 배가 된다. 음력 1월에 가장 명확하게 보이는 별자리는 시리우스, 오리온자리, 큰개자리, 작은개자리 등인데 그리스로마신화 속 별자리 전설들이 정월대보름의 운치를 더해줄 것이다.

Q 또 다른 볼거리는?

천문과학관 1층과 2층은 별자리와 관련된 다양한 전시와 체험공간으로 꾸며져 있다. 우리나라 천문학의 역사를 한눈에 살펴볼 수 있는 역사관에는 해시계·물시계 등이 전시되어 있고 별자리 역사를 재미있는 이야기와 영상으로 소개하는 코너도 마련되어 있다. 특히 역사관에는 아주 특별한 암석이 있는데 1943년 고흥 두원면에 떨어진 '두원운석'이다. 일제 강점기 시절에 일본 관리가 일본으로 가져간 것을 1999년에 되돌려 받았다고 한다. 아쉽게 진품은 '한국지질연구원'에 있다. 고흥에 있는 건 똑같이 만든 복제품이지만 아이들의 호기심을 자극하는 데는 그만이다. 천문과학관 야외 전망대에서 바라보는 고흥 녹동항과 고흥 앞바다 야경도 참 멋지다.

꽃피는 동백섬, 여수 오동도

꽃피는 봄을 시샘하는 추위가 한창이다. 하지만 오는 봄을 누가 막을 수 있을까. 2월 중순의 남도는 여기저기에서 이른 봄꽃 소식이 앞 다퉈 전해온다. 그 중 가장 성질 급한 봄꽃은 동백이다. 어떤 음식이든 원조집이 뭐가 달라도 다르듯 여행도 그렇다. 봄소식을 가장 먼저 전하는 동백꽃 원조가 여수 오동도다. 지구가 점점 뜨거워지고 있어서 그런지 개화 시기가 점점 빨라지더니 2월의 오동도는 말 그대로 꽃피는 동백섬이 됐다.

남해안을 대표하는 항구도시 여수는 누가 뭐라 해도 남도를 대표하는 관광도시다. 다도해국립공원과 한려해상국립공원이 유일하게 맞닿아 있는 항구도시답게 '여수밤바다' 노래와 퍽 잘 어울리는 낭만과 운치가 가득하다. 한번 오면 남녀노소 누구나 사랑할 수밖에 없는 여수는 365개의 섬을 품은 섬의 도시다. 그 중 가장 유명한 섬이 오동도인데 문화체육관광부와 한국관광공사에서 발표한 '한국관광 100선'에 4회 연속 선정될 만큼 여수 여행의 필수 코스이기도 하다.

오동도는 멀리서 보면 섬의 모양이 오동잎처럼 보이고 섬 안에 오동나무가 빽빽하게 숲을 이루고 있다고 해서 붙여진 이름이다. 봄의 오동도는 동백을 안보고 지나가면 괜히 서운할 정도로 전국적인 동백꽃 명소다. 섬 전체가 동백나무 군락지인데 수령이 백년이 훌쩍 넘는 동백나무 3천여 그루가 자생하고 있다. 그래서 동백이 많이 피어나는 2월의 오동도는 고운 꽃다홍 치마를 입은 새색시처럼 곱고 어여쁘다.

Q 오동도는 어떻게 가나요?

오동도는 섬이지만 섬이 아니다. 육지와 방파제로 연결돼 있기 때문이다. 1935년 일제 강점기 시절에 육지와 오동도를 잇는 방파제가 만들어졌는데 길이만 해도 768m에 달한다. <한국의 아름다운 길 100선>에 선정된 방파제 길은 오동도를 찾는 관광객들로 늘 북적이는 곳이다. 방파제가 시작되는 입구 주차장에서 15분 남짓 걸어가면 오동도에 도착하는데 남해바다를 길동무삼아 걷는 매력이 쏠쏠하다. 오동도까지 가는 방법은 걷기 이외에도 다양하다. 육지와 오동도를 오가는 동백열차는 15분 간격으로 운행되고 무인대여소에서 자전거를 빌려서 라이딩을 할 수도 있다.

Q 오동도에서 둘러볼 곳은?

오동도는 보물섬 같은 곳이다. 섬에 들어서는 순간, 탁 트인 중앙광장과 힘찬 음악분수가 손님을 반겨준다. 멋진 음악에 맞춰 음악분수를 구경했다면 본격적인 오동도 구경에 나서보자. 올록볼록 돌들이 박힌 맨발공원을 거쳐 섬 안쪽으로 들어서면 섬 외곽을 따라 걸을 수 있는 순환산책로가 이어진다. 4㎞ 해안 산책로를 따라 거닐다 보면 울창한 동백숲과 후박나무 군락지가 펼쳐지는데 이상하게 오동나무는 눈에 띄지 않는다. 전설에 따르면 고려 공민왕 시절에 신돈이 여수를 지나가다가 오동도에서 봉황이 날아가는 것을 보고 새로운 왕이 탄생할 것을 염려해 오동도의 오동나무를 모두 베어냈다고 한다. 오동나무 열매를 좋아하는 봉황이 오동도에 오는 것을 막기 위해서 한 일이지만 결국 고려는 전주 이씨인 이성계 장군에게 멸망하고 말았다. 아쉽게 오동도의 오동나무 숲만 사라진 셈이다.

오동도 해안가는 거친 파도에 맞선 세월이 멋진 해안절벽으로 남았다. 절벽 틈을 헤집고 길게 이어진 해안가 동굴은 오래 전에 용이 드나들었던 통로였다고 해서 용굴로 불리는데, 지금도 가만히 서서 바람소리를 들으면 동굴 깊은 곳에 여전히 용이 살고 있는 듯한 느낌이 든다. 오동도에서 가장 높은 언덕에는 하얀색 등대가 자리를 지키고 있다. 1952년에 처음으로 불빛을 밝힌 오동도 등대는 여수항과 광양항을 드나들던 선박의 길잡이가 되어주었는데 지금은 해마다 2백여만 명이 찾는 대표 명소로 사랑받고 있다.

Q 오동도 주변의 볼거리는?

남도를 대표하는 관광도시답게 여수에서 즐길 거리는 무궁무진하다. 부산과 서울에서 시티투어로 인기 있는 이층버스가 여수에서도 운행하고 있다. 여수엑스포공원과 이순신광장에서 출발하는 이층시티투어 버스는 야간에 즐기는 것이 더욱 매력적이다. 낮만큼 밤이 멋진 여수의 야간 명소를 중심으로 버스가 운행되는데 버스 안에서 배우들의 미니 공연도 함께 즐길 수 있다. 야간 버스투어의 백미는 '소호동동다리'인데 화려한 조명으로 꾸며진 다리 위에 개성 넘치는 포토존과 버스킹 음악 공연, 사랑고백 이벤트 등 다양한 볼거리가 마련돼 있다.

오동도에서 출발하는 여수 유람선 투어도 색다른 즐거움을 선사한다. 오동도 방파제 입구에 자리한 유람선 선착장에서 투어가 시작되는데 오동도를 한 바퀴 돌아보거나 돌산대교, 향일암, 금오열도까지 일주하는 코스로 운항한다.

Q 봄에 즐기는 여수의 맛은?

아마 전국에서 가장 신선한 해산물을 맛볼 수 있는 곳이 여수일 것이다. 봄이 시작되는 계절에는 새조개 샤브샤브가 일품인데 일명 섬초로 불리는 시금치를 살짝 익혀서 곁들이면 새조개의 풍미를 더해준다.

여수 금오도에서 나는 방풍나물도 봄철 여수의 별미다. 방풍나물은 풍을 막는다는 약초로 특유의 향과 씹을수록 고소한 맛이 나는 게 특징이다. 주로 나물이나 장아찌로 즐겨 먹는데 찹쌀반죽에 군소나 거북손을 함께 넣어서 부치는 부침개도 맛있다. 특히 밥도둑으로 불리는 간장게장과는 환상의 궁합을 자랑하는데 간장게장의 풍미를 살리고 감칠맛을 더해준다.

천관산이 품은 시크릿가든, 장흥 천관산 동백숲

여수 오동도에서 시작된 동백 레이스는 장흥 천관산으로 이어진다. 장흥의 봄소식을 알리며 피어난 수십억 송이의 동백이 상춘객의 발길을 사로잡는다. 천관산 동백숲은 2만여 그루의 토종 동백나무가 자생하고 있는 동백꽃 성지다. 단일 수종으로는 국내 최대 면적을 인정받아서 2007년 한국기네스에 등재됐다. 동백숲이 자리한 곳은 천관산 양암봉(464m) 아래쪽 계곡으로 20ha에 걸쳐 길게 띠 모양으로 군락을 이루고 있다. 이제 막 청년기에 접어든 20년생 나무부터 수백 년 된 동백나무까지 2만여 그루에서 피어난 동백이 이른 봄마다 화려한 꽃 대궐을 이룬다.

Q 천관산?

장흥 천관산은 호남의 5대 명산으로 다양한 모양으로 솟아 있는 기암괴석이 마치 주옥으로 장식된 천자의 면류관 같다 하여 '천관산'이란 이름이 붙여졌다. 이름과 관련된 또 다른 속설로는 신라 김유신 장군이 사랑한 천관녀가 숨어 살아서 천관산이 되었다는 이야기도 전해온다. 해발 723m의 천관산은 장흥 관산읍과 대덕읍 경계에 자리 잡고 있는데 산봉우리마다 하늘을 찌를 듯 솟은 바위들이 웅장한 매력을 뽐낸다. 산을 오르면 탁 트인 남해안의 다도해 풍경이 한 폭의 동양화처럼 펼쳐져 있고, 봄의 동백부터 가을 억새까지 계절마다 아름다운 풍경을 선사하는 호남의 명산이다.

Q 천관산 동백은 언제 피나요?

천관산 동백숲은 1월부터 4월까지 붉은 동백꽃이 피고 진다. 2월이면 아직 산에 물이 오르지 않을 때라서 멀리서도 푸른 잎과 붉은 동백꽃이 눈에 띄는데 동백 꿀을 따먹으러 온 동박새들이 천관산에 문전성시를 이룬다. 아는 분들만 안다는 천관산 동백숲이 '2021년 방문해야 할 아름다운 명품숲'으로 선정되면서 찾아오는 이들이 꾸준히 늘고 있지만, 산을 한참 올라야 만날 수 있는 동백숲이다 보니 다른 동백 여행지보다 사람들의 발길이 뜸한 편이다. 덕분에 여유롭게 동백꽃을 구경할 수 있다는 장점이 있다.

천관산 동백숲은 유전자 보호림으로 지정돼 있지만 탐방객들의 출입을 막지는 않는다. 계곡 길을 따라 길게 펼쳐져 있는 동백숲을 따라서 약 1.2km의 탐방로가 산 아래 전망대부터 산 위 전망대까지 이어져 있다. 양쪽 모두에서 출발할 수 있지만 내리막 코스인 위쪽 전망대부터 걷는 게 좋다. 천관산 동백숲이 지금껏 옛 모습을 지켜올 수 있었던 것은 장흥 군민들이 사랑이 있었기에 가능했다. 지역 주민들이 자발적으로 '천관산 동백숲 보존회'를 결성해서 동백숲 보존에 앞장서고 있는데 해마다 어린 동백나무를 심는 일도 열심이다. 내년 천관산 동백숲이 더 기대되는 것도 이 때문이다.

Q 장흥의 봄 밥상은?

장흥은 산과 바다, 평야까지 모두 갖추고 있어서 맛있는 먹거리가 사계절 내내 나오는 곳이다. 특히 토요일마다 열리는 정남진 토요시장에서는 다양한 한우요리를 즐길 수 있는데 한우와 표고버섯, 키조개를 한꺼번에 먹을 수 있는 '장흥 삼합'은 별미 중의 별미다. 관산읍 바다에서는 미운 사위에게 준다는 매생이가 제철인데 향긋한 향에 부드럽게 넘어가는 매생이국은 영양분까지 풍부해서 보양식으로 그만이다.

Q 천관산 산행 코스는?

천관산은 산을 오르는 등산 코스가 정말 다양하다. 산세가 그다지 험하지 않고 능선을 따라 다양한 등산로가 마련돼 있어서 여행 일정이나 체력에 맞춰 자유롭게 선택하면 된다. 산 정상까지 오르는 등산코스가 대략 열 개 정도 되지만 그 가운데 다섯 개 코스가 가장 인기 있다.

천관산의 또 다른 매력은 산을 오르면서 볼거리가 많다는 점이다. 산중턱에 있는 '천관사'에 들러 고즈넉한 운치를 느끼며 옛 유물들을 구경할 수 있고, 지역 주민들이 힘을 보태서 만든 '천관산 문학공원'에서는 기암괴석에 새겨진 문인들의 글을 만날 수 있다. 동백나무, 비자나무 등 천혜의 자연환경을 자랑하는 천관산자연휴양림에서는 숙박과 캠핑이 가능한데 숲해설 탐방, 표고버섯 관찰하기, 손수건 물들이기 체험 등 다양한 산림문화 프로그램이 운영되고 있다.

① 양근암 코스 **장천재-양근암-정원석-연대봉 (2.5km, 1시간 30분)**
② 금수굴 코스 **장천재-체육공원-금수굴-환희대-연대봉 (2.4km, 1시간 50분)**
③ 금강굴 코스 **장천재-체육공원-금강굴-환희대-연대봉 (4.5km, 2시간 10분)**
④ 구룡봉 코스 **천관문학관-탑산사-구룡봉-환희대-연대봉 (4.2km, 2시간)**
⑤ 휴양림 코스 **천관산휴양림-진죽봉-환희대-연대봉 (2.8km, 1시간 30분)**

봄기운 밀려오는 삼월

호남3매	#선암매 #납월매 #홍매화
구례	#산수유마을 #십리벚꽃길
여수	#영취산 #진달래꽃
벚꽃길	#나주한수제 #강진금곡사 #구례서시천

너는 나의 봄, 호남 3매

봄기운이 밀려오는 3월이면 슬슬 춘곤증이 생기고 괜히 입맛도 깔깔해진다. 이럴 때는 비타민D가 풍부한 봄 햇살을 맞으면서 봄나들이 가는 것만큼 좋은 보약이 없다. 여기에 고운 꽃까지 더해지면 금상첨화다. 3월을 대표하는 봄꽃인 매화를 보러 갈 때가 된 것이다. 춘삼월이 되자마자 남도 곳곳에서 매화꽃이 피어나기 시작하는데 그 중 자타공인 인정하는 '호남3매'가 있다.

Q 첫 번째 호남매가 피는 곳은?

호남 매화 삼총사 중에 으뜸은 순천 선암사에 있는 '선암매'다. 천년고찰 선암사에는 천연기념물(488호)로 지정된 6백년 된 백매화 나무가 있는데 이 나무를 비롯해 선암사에 핀 매화를 통틀어서 '선암매'라고 부른다. 선암사로 이어지는 숲길을 따라 승선교를 지나면 선암사 일주문이 나오는데 일주문에 들어서자마자 대웅전 앞마당에 핀 선암매들이 반갑게 눈인사를 한다. 각황전 담벼락에 핀 홍매화를 구경하고 위쪽으로 조금 더 올라가면 원통전 담장 뒤쪽으로 천연기념물 백매화를 만날 수 있다. 선암사 백매화는 국내 천연기념물로 지정된 매화나무 중에 꽃송이 수가 가장 많다. 만개시기에 찾아가면 팝콘나무처럼 가지마다 흐드러지게 피어있는 새하얀 백매화를 원 없이 구경할 수 있다.

Q 선암매는 언제 피나요?

선암매의 개화 시기는 2월 말부터 3월 중순까지다. 특히 순천 선암사에 피는 선암매들은 향이 진하기로 유명해서 꽃이 보이지 않아도 향기만으로 꽃이 피었음을 확인할 수 있을 정도다. 매화가 피는 시기에는 선암사 구석구석까지 매화 꽃길이 이어지는데 그 중에 원통전과 각황전 사이의 돌담길이 최고의 명당이다. 호젓한 돌담길 양옆으로 화사한 매화 꽃터널이 만들어지면 무릉도원이 따로 없다.

Q 두 번째 호남매가 피는 곳은?

호남 3매의 두 번째 주인공은 순천 선암사에서 그리 멀지 않은 금둔사에 피어있다. 금둔사는 낙안읍성민속마을이 있는 금전산 중턱에 터를 잡은 작은 사찰이다. 조선 중종 때 창건한 유서 깊은 사찰이지만 규모가 크지 않아서 아는 이들이 많지 않다. 자신의 능력을 숨긴 채 무명의 삶을 즐기는 은둔고수처럼 금둔사의 매화도 널리 알려지지 않았지만 그 아름다움은 가히 최고라고 말할 수 있다.

금둔사 경내에는 토종 매화 백 여 그루가 뿌리내렸는데 그 중 가장 눈에 띄는 매화는 납월매다. 납월매(臘月梅)라는 이름에서 '납월'은 음력 섣달을 가리키는 말인데 그만큼 추운 겨울기운을 이겨내고 일찍 피어나는 매화라는 뜻을 가지고 있다. 우리나라에서 가장 빠른 매화로 알려진 거제도 구조라분교의 '초당매' 다음으로 꽃망울을 터트리는 매화다. 납월매 여섯 그루에는 각각 일련번호를 매긴 명찰이 붙어 있다. 전국을 다녀 봐도 매화나무에 명찰을 붙여 놓은 곳은 이곳이 유일하다.

Q 마지막 호남매를 만날 수 있는 곳은?

호남 매화 넘버 쓰리는 장성 백양사에 있다. 천연기념물로 지정된 백양사 보물이다. 이름부터 고귀한 고불매는 고불총림이라 불리는 백양사 우화루 곁에 서 있는 홍매화 나무다. 백제 무왕 때 창건된 백양사는 원래 현재의 위치에서 북쪽으로 100m 쯤 떨어진 곳에 있었다고 한다. 1863년 대홍수가 나서 절을 현재의 자리로 이건할 때, 옛 백양사 앞뜰에 있던 홍매와 백매를 옮겨 심었다고 한다. 이 후 백매는 안타깝게 고사해 사라지고 홍매만 남았다. 1947년에 백양사 고불총림을 결성하면서 고불총림의 기품을 닮은 홍매를 '고불매'라고 부르기 시작했다.

고불매의 현재 나이는 350년 정도이며 매년 3월 말부터 4월 초까지 담홍색 꽃을 피운다. 밑둥에서 세 줄기로 갈라져 나온 고불매는 고목의 기품과 함께 아름다운 색과 은은한 향기가 매력적이다. 전국적인 스타 매화답게 해마다 봄이 되면 고불매가 언제 피냐고 묻는 문의전화로 백양사 종무소의 전화가 불이 날 정도라고 한다. 올 봄, 호남 3매로 특별한 상춘 여행을 즐겨보자.

샛노랑 옷을 입은 구례 산수유마을

지는 매화를 아쉬워할 시간이 없다. 곧장 새로운 봄꽃님이 오시기 때문이다. 매화가 지고 나면 피는 봄꽃이 산수유다. 하늘 아래 첫 동네가 있는 지리산 자락에 봄 아지랑이가 피어나면 산수유의 계절이 시작된다. 3월 산수유 꽃밭이 펼쳐진 곳은 지리산에 안겨 있는 구례 산동마을이다. 산동면 위안리에 속한 대평마을, 반곡마을, 하위마을, 상위마을 일대를 통틀어서 산수유마을이라고 부른다. 산동면 일대에서 키우는 산수유나무는 약 11만 7천여 그루로 우리나라 산수유 생산량의 70%가 이곳에서 나온다고 한다. 가을에 붉은 열매를 맺는 산수유지만 꽃은 샛노랗다. 덕분에 산수유마을의 봄은 샛노란 산수유 꽃으로 주위가 온통 노란색 꽃물결이다.

Q 산수유꽃은 언제 피나요?

온 세상을 강타한 기후변화 탓인지 꽃샘추위가 예전 같지 않다. 그래선지 봄꽃들의 개화시기가 점점 빨라지고 있는데 산수유도 마찬가지다. 3월 초순부터 나뭇가지마다 꽃망울이 빵빵하게 부풀어 오르다가 봄 햇살이 충분히 따뜻해지는 3월 중순이 되면 한순간에 꽃망울이 터진다. 나무에 피는 꽃은 개화 기간이 긴 편이어서 3월 중순부터 4월 초순까지 어여쁜 산수유 꽃을 마음껏 구경할 수 있다.

구례 산동마을에서는 산수유 꽃이 피는 봄이면 축제가 열리는데 산수유를 주제로 다양한 프로그램이 마련돼 있어서 보고, 느끼고, 체험할 수 있는 오감만족 여행으로 안성맞춤이다. 여름이 지나고 가을이 되면 붉은색 산수유 열매가 가지 끝에 아롱아롱 열리는데 이때도 장관이다. 봄의 산수유 꽃을 놓쳤다면, 가을에 단풍처럼 붉게 물든 산수유 열매 보러 산동마을에 꼭 들러보자.

Q 산길이 험하지는 않나요?

산수유마을에 속한 대평·반곡·하위·상위마을은 계곡 길을 따라 네 마을이 길게 이어져 있다. 마을의 경계가 따로 구분돼 있지 않아서 굳이 도로명 주소를 확인하지 않는다면 하나의 마을로 보아도 무방하다. 지리산 산비탈에 자리한 마을이지만 왕복 2차선 찻길까지 있는 산촌이라서 등산 채비는 하지 않아도 된다. 산수유 꽃이 피는 봄이면 네 개의 마을이 모두 꽃길로 이어지는데 그 길이 약 2km 정도로 싸목싸목 꽃구경하면서 걸으면 서너 시간이면 충분하다. 산수유마을을 찾는 관광객들이 늘면서 하위마을부터 상위마을까지 계곡 옆으로 나무 데크 길이 설치됐다. 덕분에 가까이에서 산수유 꽃구경이 가능하다. 나무 바로 앞에서 사진 촬영도 가능해졌다.

Q 산수유마을 주변의 볼거리는?

구례 산동에서 경남 하동까지 섬진강변을 따라 19번 국도가 달린다. 그 길에는 전라도와 경상도를 이어주며 번성했던 화개장터가 자리하고 있다. 지금은 예전의 북적대던 모습은 찾아보기 어렵지만 벚나무들이 일제히 꽃망울을 터트리는 4월이 되면 이곳 역시 전국 각지에서 몰려든 상춘객들로 북새통을 이룬다. 화개장터에서 쌍계사 초입까지 이어지는 그 유명한 '십리벚꽃길' 때문이다.

구불구불한 화개천을 따라 쌍계사까지 이어지는 약 5km의 길이 온통 벚나무다. 길 양편에서 머리를 맞대고 있는 벚나무에 꽃이 만개하면 뽀얗게 피어난 꽃송이들이 하늘을 덮은 모습이 그야말로 장관이다. 벚꽃터널을 하늘 삼아 꽃구경하기에 딱 좋은 이 길은 특히 젊은 남녀가 함께 걸으면 백년해로를 한다고 해서 '혼례 길목'으로 불리기도 한다. 간혹 흐드러지게 핀 벚꽃을 시기한 바람이 세차게 벚나무를 휘어잡으면 나뭇가지에 매달려 하늘거리던 벚꽃이 일제히 하얀 꽃비가 되어서 내리는 모습이 환상적이다.

화개천을 넘어가면 길이 두 갈래로 나눠진다. 윗길은 나무 데크 길이고 아랫길은 화개천 물길 옆을 걷는 길인데, 어느 정도 걸으면 갈라졌던 길이 다시 합쳐져서 어느 곳으로 가든 상관없다. 단, 화개천을 따라 화사하게 핀 벚꽃이 한눈에 보이는 전망은 나무 데크 길이 더 좋다. 쌍계사로 가는 길목에는 벚꽃 뿐 만 아니라 초록빛 야생차밭도 줄줄이 펼쳐져 십리벚꽃길의 멋을 더해준다. 그 멋진 풍경을 음미하며 걷다보면 십리 길도 그다지 지루하지 않다.

'곱게 보내 드리우리다' 여수 영취산

남도의 봄은 어딜 가나 봄꽃들로 아우성이다. 3월과 4월 사이, 산수유가 지고 화사한 벚꽃을 기다리는 사이에 살짜기 찾아 온 고운 꽃님이 있다. 평안북도 영변의 약산보다 한 달 먼저 꽃망울을 터트린 영취산 진달래가 그 주인공이다. 여수 영취산은 축구장 140개의 넓이를 자랑하는 전국 3대 진달래 군락지이다. 그래서 진달래가 피는 철에는 온 산이 붉게 타오르는 장관이 펼쳐진다. 3월 말부터 진달래가 피기 시작해서 4월 초순이면 연분홍 진달래 꽃밭이 영취산 정상 일대를 뒤덮는다. 특히 영취산 진달래는 남해바다에서 불어오는 바닷바람을 그대로 맞는 자리에 피어서 그런지 육지 진달래와 다르게 무리 지어 군락을 이루는 게 특징이다. 매서운 해풍 속에서 잎사귀를 틔우고 꽃을 피어내기 위한 최선의 전략인 셈이다.

Q 요즘 진달래 보기가 쉽지 않은 것 같아요?

한국 현대시가 도달한 최고의 이별미학으로 손꼽히는 김소월 시인의 〈진달래꽃〉에서 노래하듯이 '나 보기가 역겨워 가실 때에도 님이 가시는 길에 말없이 고이 뿌려주고 싶은' 꽃이다. 그래서일까. 진달래의 아름다움은 시대를 초월한다. 몇 십 년 전만 해도 한반도에서 흔하게 피고 지던 토종 꽃이었지만 지금은 제주도나 여수 영취산에 가야만 제대로 구경할 수 있을 정도로 귀한 꽃이 되었다.

어릴 적 기억 속의 진달래는 봄의 맛으로 기억된다. 봄이 되면 할머니께서 찹쌀가루 반죽에 진달래 꽃잎과 어린 쑥 잎 한 장, 여기에 잘 말린 대추를 꽃처럼 얹어서 부쳐주시던 진달래 화전이 지금도 생각난다. 누군가에는 아름다운 사랑의 추억으로, 누군가에는 아련한 봄의 기억으로 남은 진달래는 그래서 더 귀한 봄꽃이다.

Q 영취산 진달래꽃밭 가는 길은?

여수 북동쪽에 자리한 영취산은 해발 510m로 그리 높지 않은 산이다. 영취산 진달래가 가장 많이 피어있는 곳은 450m 봉우리 일대와 정상 아래 능선, 그리고 진래봉 부근이다. 햇살을 유난히 좋아하는 진달래의 특성 상 진달래 군락이 있는 곳은 키 큰 나무들이 많이 없어서 꽃구경하기에 좋다. 진달래 꽃구경은 되도록 아침에 하는 것이 좋다. 아침 해가 떠서 살짝 따뜻한 기운이 도는 오전 8시부터 10시 무렵이 가장 예쁘다. 영취산 진달래꽃은 등산로 입구보다 산 중턱에서부터 제대로 구경할 수 있으니 오전 7시쯤 산을 오르기 시작하면 가장 예쁜 진달래꽃을 만날 수 있다.

여수 영취산이 국내 최고의 진달래 군락지로 유명해지면서 1993년부터 매년 4월 첫째 주에 진달래축제와 함께 산신제가 열린다. 축제가 열리는 기간에 영취산 산행에 도전하는 이들이 많다. 진달래 군락지로 바로 오를 수 있는 등산로는 상암초등학교에서 시작해 450m 봉우리를 거쳐 봉우제와 영취산 정상을 밟은 뒤 흥국사 방향으로 내려오는 것이 좋다. 산 정상까지 코스가 다양해서 어떤 길을 선택하느냐 따라 2시간에서 4시간 정도 시간차가 발생한다. 높은 산은 아니지만 주변에 시야를 가리는 산이나 건물이 없어서 여수산단부터 멀리 남해 풍경까지 한 눈에 조망할 수 있다.

Q 영취산 주변의 볼거리는?
여수 봄나들이 일정을 조금 여유 있게 잡았다면 영취산과 연계한 여수 봄꽃 투어에 도전해 보는 건 어떨까. 영취산에서 시작하는 봄꽃 나들이는 <영취산 '진달래'-> 오동도 '동백'-> 금오도 비렁길 '산벚꽃'-> 하화도 '야생화'>까지 퍽 매력적인 꽃길을 선사한다. 봄꽃 여행길에 만난 여수는 볼거리, 즐길거리가 넘친다. 여수 시내를 가로지르는 해양케이블카와 해양레일바이크는 물론이고, 이순신 장군이 임진왜란 당시에 거북선을 만들었던 선소와 여수 바다의 매력을 온 몸으로 느낄 수 있는 여천 소호 요트경기장까지 남해안을 대표하는 항구도시답게 다양한 해상체험프로그램이 마련돼 있다.

곱고 어여쁜 것을 보는 마음은 누구나 같지 않을까. 독하게 먹었던 마음이 그리운 님을 만난 순간, 봄눈 녹듯 사라지는 것처럼 말이다. 여수 영취산에 만발한 진달래꽃을 보고 있노라면 누구라도 시인이 될 수 있다. 믿지 못하겠다면 3월 영취산에 꼭 올라보길 바란다.

꽃길만 걷게 해 줄게, 남도 명품 벚꽃길

봄꽃 시즌의 마지막 무대는 벚꽃이 장식한다. 물오른 나뭇가지마다 앞 다퉈 꽃망울을 터트려 시선을 사로잡는가 싶더니 꽃잎이 질 때까지 쉬이 놓아주지 않는다. 벚나무 꽃비가 내리기 시작하는 이맘때 봄날 산책이나 드라이브를 즐기기에 좋은 길이 있다. 남도 벚꽃길을 대표하는 길 중에 길이와 규모를 따지자면 장성 백양사 벚꽃길이 슈퍼스타급 꽃길이다. 하지만 아는 만큼 보인다는 말이 있지 않나. 소소하지만 확실한 매력을 뽐내는 라이징스타급 벚꽃길이 남도 곳곳에서 상춘객들의 마음을 설레게 한다. 위드코로나With Corona 시대에 맞게 호젓하게 즐길 수 있는 남도 벚꽃길 '베스트3'를 찾아 떠나보자.

Q 첫 번째 벚꽃 길은 어디에 있나요?

첫 번째 벚꽃길은 전남 나주시 경현동에 자리한 한수제 제방길이다. 광주에서 1번 국도를 타고 나주시내 방면으로 달리다가 다보사로 가는 길로 접어들면 한수제가 기다리고 있다. 호숫가 주변으로 넓은 공터가 있고 크고 넓적한 바위가 많아서 예로부터 나주 시민들이 금성산 경치를 즐기며 휴식을 취하던 나들이 장소였다. 나주읍내에서 한수제까지 이어진 5km 남짓한 가로수길이 온통 벚꽃나무다. 흩날리는 벚꽃잎에 설레는 마음도 잠시, 새하얀 벚꽃에 감싸 안긴 한수제를 보면 누구나 홀딱 반할 수밖에 없다.

나주 한수제 벚꽃길

Q 한수제?

나주 한수제는 농사에 필요한 물을 담아놓은 저수지다. 봄날 벚꽃과 함께 가을 단풍이 유명한데 최근 SNS 꽃길 인증사진이 인기를 끌면서 전국에서 벚꽃을 보기 위해 많은 여행자들의 발길이 이어지고 있다. 한수제는 전형적인 배산임수 지형으로 앞으로는 호수가 있고 뒤로는 금성산이 자리잡고 있다. 나주의 진산인 금성산은 해발 451m의 산으로 4개의 봉우리가 있는데 동쪽 봉우리는 노적봉, 서쪽 봉우리는 오도봉, 남쪽은 다복봉, 북쪽은 정녕봉이라 불린다. 금성산 안으로 숲체험장과 숲길 산책을 위한 '경현길'이 조성돼 있다. 언제 걸어도 좋은 곳이 숲길이라서 계절에 상관없이 많은 이들이 찾고 있는데 한두 시간 정도 가볍게 산책하듯 산행하기 좋은 산이다.

강진 까치내재 벚꽃길

Q 두 번째 벚꽃길은 어디에 있나요?

두 번째 라이징스타 벚꽃길은 남도답사일번지 강진에 있다. 강진읍에서 금곡사까지 가는 길에 '까치내재' 고갯길이 있는데 길 양쪽이 모두 벚꽃나무다. 강진읍 종합운동장에서 작천 면소재지를 거쳐 금곡사 입구가 있는 성전면까지 총 18km의 길이 줄곧 벚꽃길이다. 봄이면 새하얀 꽃대궐을 이뤄서 산과 바다를 품은 강진에서도 드라이브 명소로 손꼽히는 곳이다.

멋진 벚꽃길에 취해 달리다 보면 마치 중세시대 성벽을 마주한 것처럼 거대한 석문으로 가로막힌 길이 나오는데 계곡 안으로 들어서지 않고서는 그 흔적조차 짐작할 수 없는 금곡사를 만날 수 있다. 신라 말 밀봉대사가 창건한 금곡사에는 오래된 금광이 있다는 전설이 내려오는데 사찰 옆 개울가에 그 깊이를 알 수 없는 동굴이 있는 것을 보면 이곳이 금광이었다는 전설이 사실인 것만 같다. 오랜 역사를 간직한 사찰답게 보물도 많은데 1985년 복원작업을 하던 삼층석탑에서 석가세존 진신사리 32과가 발견되어 세상의 이목을 받기도 했다. 사찰 안에 있는 약수터는 물이 맑고 시원하며 가뭄에도 마르지 않아서 금곡사를 찾는 이들의 갈증을 시원하게 해소해 주는데 약숫물을 풀로 만든 대롱으로 먹으면 통증이 사라진다는 말이 있다.

Q 마지막 벚꽃길은 어디에 있나요?

벚꽃 명소가 많은 구례에서 최근 신상 벚꽃길이 주목받고 있다. 화사한 벚꽃이 피는 봄이면 섬진강변보다 더 많이 찾는다는 이곳은 구례읍내를 따라 흐르는 작은 강 서시천이다. 구례군이 서시천 주변의 자연생태계를 복원하면서 많은 이들이 이용할 수 있는 친환경 친수공간을 조성했는데 특히 강변을 따라 끝없이 이어진 벚꽃길이 장관이다. 벚꽃길은 서시천 체육공원에서 천변 둑길과 광의면을 거쳐 다시 국도로 되돌아오는 20㎞ 코스로 걷기 여행이나 자전거 여행으로 안성맞춤이다. 서시천에서 시작한 꽃길은 새하얀 꽃망울을 터트린 벚나무를 중심으로 중간 중간 연두빛 새싹이 나는 개나리와 연분홍 복숭아꽃이 어우러져 아름다운 꽃길을 만든다. 서시천 둑길은 지리산 둘레길 코스에 포함된 길로 차량 통행이 엄격하게 통제된다. 덕분에 따뜻한 봄 햇살을 맞으며 여유롭게 벚꽃 구경을 할 수 있다.

3월 넷째 주 꽃길만 걷게 해 줄게, 너도 요즘 벚꽃길

구례 서시천 벚꽃길

꽃망울 터트릴 무렵 사월

영암	#왕인문화축제 #왕벚꽃길 #구림마을 #월출산
신안	#임자도 #튤립공원 #모래사장 #갯벌모실길
청산도	#슬로시티 #슬로길 #청산도탕
진도	#바닷길 #회동마을 #모도

왕인박사 만나러 영암가오!

영암의 봄은 백리나 이어지는 왕벚꽃길에서 시작된다. 왕벚꽃이 화려한 꽃망울을 터트릴 무렵에 '영암왕인문화축제'가 열린다. 봄 축제 가운데 꽃 대신 인물이 주인공인 축제는 '영암왕인문화축제'가 유일하지 않을까 싶다. 왕인박사를 기리는 축제지만 화려한 벚꽃의 향연을 놓칠 수 없다. 새하얀 왕벚꽃이 백리 길을 따라 최고의 꽃길을 선사한다.

Q 영암왕인문화축제?

일찍이 영암은 백제시대부터 고대 중국과 일본의 교역로로서 국제적인 선진문화가 싹텄던 지역이다. 그 시절 영암에서 태어난 왕인박사는 일본의 아스카 문화를 꽃피운 인물이다. '영암왕인문화축제'는 1600여 년 전에 일본 천황의 초청으로 천자문과 논어를 들고 영암 상대포에서 일본으로 건너가 일본 학문의 시조가 된 왕인박사를 기리는 축제다. 축제가 열리는 주요 무대는 왕인박사유적지와 상대포 역사공원, 그리고 천년의 역사를 간직한 구림마을이다. 벚꽃 구경과 함께 다양한 전통 행사와 즐길 거리가 축제의 흥을 돋운다. 영암왕인문화축제의 하이라이트는 일본으로 떠난 왕인박사 행렬을 재연한 '거리 퍼레이드'이다. 당시 전통 의상을 차려입고 가장행렬에 나선 영암 군민들과 국내외 관광객 5천여 명이 참여하는 대규모 퍼레이드로 백리 왕벚꽃길을 따라 상대포구까지 이어진다.

Q 구림마을?

조선 후기 지리서 택리지에 "월출산 남쪽에는 월남 마을이 있고 서쪽에는 구림이라는 큰 마을이 있는데, 둘 다 신라 때부터 명촌이었다."라는 기록이 있다. 먼 옛날부터 호남 명촌으로 인정받은 구림마을은 월출산 주지봉을 주산으로 장장 2천 2백여 년의 역사를 자랑한다. 일본고대문화의 시조 왕인박사를 비롯해 풍수도참사상과 불교 중흥에 힘쓴 도선국사, 그리고 고려 건국의 일등공신인 최지몽과 광주 목사 임구령이 모두 구림마을 출신이다.

구림마을은 열 두 개의 마을이 모여 대촌을 이루고 있다. 낭주 최씨, 함양 박씨, 연주 현씨, 해주 최씨, 창녕 조씨, 선산 임씨 등이 집성촌을 이루며 살고 있는데 '비둘기 구(鳩) 수풀 림(林)'의 마을 이름에는 도선국사의 탄생 설화가 담겨있다. 성기동 구시바위에서 최씨 성을 가진 한 처녀가 빨래를 하다가 푸른 오이가 떠내려 온 것을 먹고 아이를 가졌는데 혼인하지 않은 처녀가 아이를 낳았다고 해서 숲속 바위에 아이를 버렸다고 한다. 며칠이 지난 후에 바위에 가보니 비둘기 떼가 아이를 보살피고 있었고 그 아이가 풍수지리의 대가이자 고려 건국을 예언했던 도선국사다. 그 후 아이가 버려졌던 바위는 '국사암', 그 숲은 '구림'이라 부르게 되면서 마을 이름이 탄생했다는 전설이다. 현재는 구림마을 중심에 국사암이 있는데 대문 안쪽에 국사암이 있다 보니 쉽게 눈에 띄지는 않는다. 마을 주민의 안내를 받거나 지도를 펼치고 꼼꼼히 찾아가야 볼 수 있다.

Q 구림마을에서 꼭 봐야 할 곳은?

수천 년 전에 바닷길이 이어졌던 구림마을에는 상대포구와 아천포구가 있었는데 조선시대 왜구들이 몰래 들어와 농작물을 약탈하기도 하고, 조선 수군이 잠시 머물다 가던 포구 마을이었다고 한다. 당시 이순신 장군도 이곳에 들러서 며칠간 머물다 가곤했는데 그때마다 마을 사람들이 조선 수군들을 잘 대접했다고 한다. 특히 연주 현씨 가문은 군량미와 군수품을 지원해주며 이순신 장군과 깊은 연대를 맺었는데 이순신 장군이 현씨 문중에 보낸 감사 편지가 지금까지 죽림정에 남아있다. 현재 연주 현씨 종갓집 앞마당에 자리한 죽림정은 종손이 관리하고 있으며 방문객들을 위해 무료로 개방하고 있다. 이순신 장군이 남긴 유명한 글귀인 '약무호남 시무국가(若無湖南 始無國家 : 만약 호남이 없다면 조선은 존재할 수 없다)'가 적힌 편지와 함께 죽림정을 다녀 간 삼정승의 글씨와 초상화도 함께 전시되어 있다.

구림마을은 조선이 배출한 명필 한석봉과의 인연도 깊다. 한석봉이 일곱 살 때 스승 신희남이 벼슬을 그만 두고 고향 영암으로 낙향했을 때, 그의 어머니는 아들이 여러 스승에게 배우게 하기 싫다면서 신희남의 뒤를 따라 영암으로 내려왔다. 한석봉이 글 공부를 하는 동안 어머니가 떡 장사를 했던 곳이 구림마을이다. 한석봉이 어머니와 함께 그 유명한 '떡 썰기 대 글씨 쓰기 시합'을 했던 역사적 장소이기도 하다. 한석봉은 17년 동안 영암에서 공부한 후에 진사시험에 합격했는데, 그가 영암을 떠나면서 함양 박씨 문중에 남긴 육우당(六友堂) 현판 글씨가 원본 그대로 걸려있다.

구림마을에는 조선시대 가슴 아린 로맨스도 숨어 있다.

> "묏버들 가려 꺾어 보내노라
> 임의 손 자시는 창밖에 심어 두고 보소서
> 밤비에 새 잎 곧 나거든 날인가도 여기소서"

조선시대 명기였던 홍랑은 고죽 최경창에게 '묏버들 가려 꺾어'라는 사랑 고백을 보냈다. 문헌공의 18대 후손인 고죽 최경창 선생은 백광훈, 이달과 함께 조선시대 '3당시인'으로 불렸는데 기생과의 사랑이 빌미가 되어 파직까지 당했다. 하지만 고죽은 '홍랑에게 주는 글'을 자신의 문집에 떳떳이 남겼다. 신분을 넘어 뜨거운 사랑을 했던 두 사람을 기리기 위해 구림마을에는 고죽시비와 홍랑가비가 세워져 있다.

4월 첫째 주 — 화엄사 만나러 열리는 길

'임자, 튤립보러 가세' 모래섬 튤립나라

남도의 봄을 알리는 꽃이 매화와 벚꽃이라면 유럽에서는 튤립이 봄의 전령이다. 네덜란드에서는 해마다 4월이면 다양한 봄 축제가 열리는데 그 주인공이 튤립이다. 알롤달록 오색빛깔 튤립은 만인의 사랑을 받는 봄꽃이지만 튤립을 보기 위해 굳이 네덜란드까지 갈 필요는 없다. 자동차에 시동을 켜고 다리 하나를 건너면 환상적인 튤립나라에 입국할 수 있다. 그곳은 바로 신안 임자도다.

Q 임자도 가는 길

섬으로 가는 길이지만 배를 탈 필요는 없다. 2021년 2월에 임자대교가 개통하면서 육지와 연결됐는데 뱃길로 20분 쯤 걸리던 바닷길이 자동차로 5분 만에 갈 수 있게 됐다. 신안군 지도 점암항에서 중간 섬인 수도를 거쳐 임자도까지 총 두 개의 다리로 연결됐는데 지도에서 수도까지는 750m 파랑색 다리, 수도에서 임자도까지는 1,135m 붉은 다리로 이어져 있다. 신안군 지도에서 임자도까지 약 4.99㎞의 드라이브길이 새롭게 생긴 셈이다.

Q 튤립공원은 어디에 있나요?

섬 전체가 모래로 이루어진 임자도는 중동에서나 볼 수 있는 사막의 지형을 고스란히 갖추고 있다. 국내에서 가장 긴 백사장으로 유명한 대광해수욕장은 모래섬 임자도를 대표하는 명소다. 대광해수욕장만큼이나 임자도를 대표하는 명물이 튤립공원이다. 대광해수욕장과 가까운 해변에 자리잡은 튤립공원은 부지만 해도 3만5천 여 평으로 국내 최대 규모를 자랑한다. 모래섬인 임자도는 배수가 잘 되는 모래흙에 일조량이 풍부해서 튤립이 자라기에 최적의 환경을 제공한다. 덕분에 전국에서 가장 곱고 탐스러운 튤립을 만날 수 있는데, 국내 최대 규모라는 말이 무색하지 않게 색색의 튤립 물결이 끝없이 이어진다. 2천 만 송이가 넘는 튤립이 저마다 화려한 자태를 뽐내는 모습이 환상적이다.

Q 임자도 튤립공원의 매력은?

이곳에는 그동안 흔히 봤던 튤립과는 아주 다른 품종들이 눈에 띈다. 뾰족한 왕관처럼 생긴 '알라딘', 장미꽃처럼 피어난 '억스타', 한 송이에 반은 빨강이고 반은 노랑으로 물든 아수라백작 같은 튤립도 있다. 꽃마다 이름표가 붙어 있어서 하나하나 비교하며 보는 재미도 쏠쏠하다. 각양각색의 튤립과 함께 수선화, 히야신스, 아이리스, 무스카리와 같은 구근류와 리빙스턴 데이지와 비올라, 크리산 세멈 등 20여 종의 봄꽃들을 함께 만날 수 있다.

네덜란드를 대표하는 이국적인 풍차는 기념사진 촬영장으로 단연 인기다. 저마다 추억을 담기 위해 연신 셔터를 누르느라 여념이 없다. 온통 무릎높이의 꽃들로 가득 찬 튤립공원은 군데군데 파라솔이 놓인 쉼터가 있긴 하지만 이렇다 할 그늘막이 없어 모자나 양산을 꼭 챙겨가야 한다. 꽃향기를 맡으며 단지를 돌아보는 데 걸리는 시간은 1시간 남짓으로 입장권 구입 시 나눠준 화분 교환권을 내면 튤립 화분을 선물로 준다. 꽃구경을 하고 돌아올 때는 선착장까지 걸어 나오는 것이 좋다. 축제장에서 선착장까지 거리는 6㎞ 정도로 걷기에 조금 긴 듯 하지만 섬마을 풍경을 벗 삼아 걷는 일이 생각보다 즐겁다. 한적한 길을 따라 천천히 걷다보면 튤립 벽화로 꾸며진 농업창고와 임자도 천일염을 만드는 염전도 볼 수 있다. 바다에서 장포염전까지 이어지는 물길을 따라 줄줄이 꽃들이 심어져 있어서 색다른 꽃길의 매력을 선사한다.

Q 튤립공원 주변의 볼거리는?

임자도는 전라남도 신안군에 속한 섬으로 네덜란드와 비슷한 점이 많다. 임자도의 절반가량이 네덜란드처럼 해수면 아래에 있었지만 섬 주민들이 섬과 섬 사이 바다에 둑을 쌓아 육지를 만들었다. 150년 전에 6개의 섬으로 분리되어 있던 섬이 주민들의 노력으로 하나로 합쳐지면서 임자도가 된 것이다.

모래섬 임자도의 최대 자랑거리는 누가 뭐라 해도 대광해수욕장이다. 고운 모래사장이 무려 12㎞나 이어져 있는데 전국에서 가장 길고 넓은 해변이다. 끝없이 이어진 해변을 따라 명품 해송숲도 우거져 있어서 숲과 바다에서 동시에 뿜어져 나오는 음이온과 피톤치드가 도시생활에 지친 이들에게 건강한 자연의 기운을 나눠준다. 그래서일까. 2021년에 국내 유일의 해양형 치유숲으로 선정되면서 조성사업이 한창 진행 중이다.

모래사장과 갯벌을 따라서 트래킹을 할 수 있는 '임자도 갯벌모실길'이 총 4개 코스로 마련돼 있고, 조금 더 특별한 체험을 하고 싶은 여행자들을 위해 해변 승마체험장도 운영 중이다. 임자해변승마공원에서 전문 지도사의 안내로 안전하게 해변 승마를 체험할 수 있어서 인기가 높다.

Q 임자도가 자랑하는 맛은?

임자도 튤립공원에 가면 대형 물고기 조형물이 한눈에 들어온다. 물고기의 정체는 민어다. 임자도 앞바다에서 많이 잡히는 민어는 조선시대 임금에게 진상하던 임자도의 특산품이었다. 민어는 백성 '민(民)'에 물고기 '어(魚)'를 써서 백성들의 물고기라는 뜻을 가지고 있는데 정약전의 '자산어보'에서 날 것이나 익힌 것 모두 맛이 좋은 생선이라고 적혀 있다. 민어는 쉽게 상하지 않고 어느 정도 숙성이 되어야 더 맛있기 때문에 회로 많이 먹어왔는데 살이 탄탄하고 담백해서 회 뿐 만 아니라 탕과 전 같은 다양한 음식으로 즐길 수 있다. 임자도에서는 민어를 꾸덕하게 말려서 찜을 하는 '민어건정'과 쌀뜨물에 무와 매콤한 청양고추를 넣고 끓인 '민어맑은탕'이 자주 밥상에 오른다.

삶의 쉼표가 되는 섬, 청산도

일 년 중에 산과 바다의 색이 가장 예쁠 때가 4월이다. 싱그러운 봄기운에 엉덩이가 들썩이는 이맘 때, 푸른 섬 청산도가 손짓을 한다. 봄의 청산도는 쪽빛 바다와 새하얀 구름떼가 잠시 멈춘 듯이 한 폭의 아름다운 풍경화가 펼쳐지는데 특히 제철 맞은 샛노란 유채꽃밭과 초록빛 보리밭이 청산도의 매력을 더해준다.

Q 청산도?

청산도는 전남 완도에서 19.2km 떨어진 다도해 최남단 섬으로 완도항에서 뱃길로 50분 거리에 있다. 산과 바다, 그리고 하늘이 모두 푸른 섬이라고 해서 청산이라는 이름을 가지게 되었는데 신선들이 노닐 정도로 아름답다하여 선산, 선원이라 부르기도 했다. 푸른 바다, 푸른 산, 구들장 논, 돌담장, 해녀 등 느림의 풍경과 섬 고유의 전통문화가 어우러져 있어서 세계에서도 그 가치를 인정받았다. 덕분에 2007년 아시아 최초 슬로시티로 선정되면서 세계적인 섬 관광지로 사랑받고 있다. 느리게 걸을 수록 그 매력을 제대로 느낄 수 있는 슬로시티답게 걷기 여행에 안성맞춤이다.

청산도는 세계적인 섬 관광지답게 배로 오가는 데 불편함이 없다. 주중에 운행하는 여객선은 8편, 주말과 공휴일에는 15편의 배가 운항 중이라서 하루 정도 시간이 난다면 언제든지 청산도 슬로길을 걸을 수 있다.

Q 청산도슬로길이 궁금해요?

아시아 최초 슬로시티인 청산도에서는 느림의 미학을 만끽할 수 있다. 그래서 길 이름도 '청산도 슬로길'이다. 청산도 슬로길은 청산도 주민들의 마을 간 이동로로 사용했던 길로 아름다운 풍경에 취해 절로 발걸음이 느려진다하여 슬로길이라고 이름 붙였다. 청산도 슬로길은 총 11코스에 17개의 길로 길이가 42,195㎞에 이른다. 마라톤 풀코스와 같아서 사나흘의 일정을 잡고 걷는 게 무리 없이 즐길 수 있다.

청산도슬로길은 길이 지닌 풍경, 길에 사는 사람, 길에 얽힌 이야기를 느끼며 걸을 수 있도록 각 코스를 만들었다. 국제슬로시티연맹에서 공식 인증한 세계슬로길 1호답게 길이 지닌 아름다움을 국내외적으로 인정받고 있는데, 자연 속에서 천천히 걷다 보면 소란스러운 마음까지 제대로 힐링 되는 기분을 느낄 수 있다.

① 코스 : 미항길-동구정길-서편제길-화랑포길
② 코스 : 사랑길
③ 코스 : 고인돌길
④ 코스 : 낭길
⑤ 코스 : 범바위길-용길
⑥ 코스 : 구들장길-다랭이길
⑦ 코스 : 돌담길-들국화길
⑧ 코스 : 해맞이길
⑨ 코스 : 단풍길
⑩ 코스 : 노을길
⑪ 코스 : 미로길

Q 슬로길을 걷는다면?

청산도 슬로길은 여행 일정을 길게 잡을 수 있다면 11개 코스를 모두 걸어보는 게 좋지만 시간내기가 쉽지 않을 때는 당일 코스로 걸어도 좋다. 가장 대중적이고 많이 알려진 슬로길은 항구에서 섬 오른쪽 둘레길을 걷는 1코스 길로 영화 <서편제>에서 주인공 송화가 진도아리랑을 부르며 걸었던 돌담길을 따라 유채와 청보리가 어우러진 해안 길이 매력적이다.

청산도 사람들의 옛 삶의 모습을 엿볼 수 있는 6코스 슬로길은 세계문화유산 등재를 앞둔 구들장 논길과 정겨운 이웃처럼 어깨를 맞댄 마을 돌담길을 돌아볼 수 있다. 사랑하는 이와 함께 한다면 해안 절벽으로 이어진 2코스 사랑길이 좋다. 청산도 주민들이 예전부터 연애바탕길로 부르던 길로 울창하게 우거진 해송 숲과 탁 트인 바다 전망이 사랑스럽다.

Q 청산도가 자랑하는 봄맛은?

청산도 항구와 가까운 안통길에는 옛 시절 고등어와 삼치 파시로 흥했던 섬의 역사가 고스란히 남아있다. 고등어와 삼치가 예전만큼 잡히지는 않지만 여전히 청산도는 해산물의 천국이다. 특히 바다에서 갓 잡은 홍해삼과 뿔소라는 청산도에서 그 맛을 제대로 즐길 수 있는데 항구 옆에 자리한 수산물시장에 가면 삼치와 광어, 돔까지 신선한 제철 해산물을 즉석에서 맛볼 수 있다. 여기에 청산도에서 직접 만든 수제 보리맥주가 찰떡궁합이다. 혹시 청산도의 옛 밥상을 맛보고 싶다면 '청산도탕'이 제격이다. 각종 해산물에 쌀가루를 넣고 되직하게 끓인 죽으로 유채나물과 가시리국을 곁들여 먹으면 슬로푸드 건강밥상이 된다.

4월 셋째 주 '쉼'의 쉼표가 되는 섬 청산도

'열려라! 신비의 바닷길' 진도

'코로나19'를 겪으면서 많은 것이 달라졌다. 여행지를 고를 때도 사람이 북적이는 곳보다 오붓하게 자연을 느낄 수 있는 곳을 선호하면서 남도를 찾은 여행자들이 늘었다. 삶의 쉼표가 필요한 순간, 수선스럽지 않은 남도의 자연 만큼 안성맞춤인 곳이 없기 때문이다. 산과 바다에 싱그러운 기운이 가득한 봄이면 남도에서 가장 유명한 바닷길이 열린다. 그것도 일 년 중 딱 한 번 열리는 신비의 바닷길이다. 국가 명승으로 지정된 '신비의 바닷길'은 진도군 고군면 회동마을과 마주보고 있는 의신면 모도를 잇는 길이다. 일명 '한국판 모세의 기적'으로 불리는 이 길은 일 년 중 가장 바닷물이 많이 빠지는 봄철 영등사리(음력 2월 그믐날 경)에 폭 30~40m, 길이 2.8km의 드넓은 바닷길이 드러난다. 진도 '신비의 바닷길'이 이렇게 널리 알려진 것은 푸른 눈의 외국인 때문이다. 1975년 주한프랑스 대사가 진도 관광을 하다가 바닷길이 열리는 현상을 목격하고 프랑스 신문에 '모세의 기적'이라고 소개하면서 세계적인 주목을 받았다.

Q 왜 '신비의 바닷길'인가요?

진도 신비의 바닷길에는 뽕할머니 전설이 깃들어 있다. 먼 옛날 진도에는 호랑이가 자주 출몰했다고 한다. 지금의 회동마을이 산세 험한 첨찰산 자락에 터를 잡은 까닭에 호랑이가 자주 나타나서 마을 이름이 '호동'으로 불렸을 정도였다. 그러던 어느 날 먹이가 부족한 보릿고개에 호랑이가 마을 안까지 들어와 피해를 입히자 온 마을 주민들이 바다 건너 '모도'로 도망을 갔다. 혼비백산 떠난 가족들을 미처 따라가지 못한 채 홀로 회동마을에 남겨진 뽕할머니는 매일 용왕님께 가족을 만나게 해달라고 기도를 했다. 할머니의 간절한 기도에 용왕이 꿈에 나타나 "내일 바다에 무지개를 내릴 테니 그 길로 바다를 건너가라"고 했고 다음날 뽕할머니가 바닷가에 나가봤더니 정말로 바닷물이 갈라지면서 무지개처럼 둥그렇게 휘어진 길이 생겼다고 한다. 모도에서 할머니를 걱정하던 가족과 마을 사람들은 징과 꽹과리를 치며 바닷길을 건너왔는데, 가족을 만난 할머니는 "내 기도로 바닷길이 열려 너희들을 보았으니 이제 소원이 없다"는 유언을 남긴 채 숨을 거두었다. 그때부터 마을 사람들은 해마다 회동마을 앞바다에서 뽕할머니를 기리는 제를 올렸고, 바닷길이 열리는 날이 뽕할머니의 영혼이 하늘로 올라간 날이라고 해서 영등사리라고 부르기 시작했다고 한다.

Q 바닷길을 건너려면 언제 가야 하나요?

신비의 바닷길이 가장 넓고 길게 열리는 날은 일 년 365일 가운데 딱 5일 정도다. 음력 2월 그믐경인 영등사리에 맞춰 바닷길이 열리는데 늦은 밤과 이른 새벽 시간을 제외하면 바닷길을 건널 수 있는 날은 2~3일로 줄어든다. 특히 바닷길이 열리는 시간이 1시간 남짓으로 짧다 보니 정해진 시간보다 일찍 도착해야 제대로 바닷길을 체험할 수 있다. 진도 회동마을 앞바다에서 모도까지 이어진 바닷길은 2.8km, 바닷길이 열리는 한 시간 동안 두 섬을 왕복하려면 서둘러야 한다. 바닷길이 열린다고 하지만 여전히 물길이고 울퉁불퉁한 바위들이 많아서 장화를 준비해서 가는 게 좋다. 바닷길을 건너면서 미역이나 조개 같은 해조류 채취도 가능하니까 작은 바구니나 비닐봉지를 챙기면 유용하다. 그렇다고 해조류 줍는 재미에 푹 빠져 걸음을 지체했다가는 낭패 보기 십상이다. 금세 바닷물이 밀고 들어와서 바닷길 중간이나 모도에서 발이 묶일 수 있는데 해마다 모도에서 배를 타고 나오는 여행자들을 심심치 않게 볼 수 있다.

4월 넷째 주 '영광 법성포 단오제' 진도

산과 바다
어디든
오월

함평	#별별캠핑장 #나비마을 #돌머리해수욕장
곡성	#장미정원 #섬진강기차마을 #오토캠핑리조트
황룡강	#노랑꽃창포 #생태공원 #옐로우시티
금오도	#비령길 #해안둘레길 #직포해수욕장

나비마을 캠핑여행

5월은 어린이날을 시작으로 가정의 달 행사가 줄지어 기다리고 있다. 가족을 위한 여행을 준비할 때가 왔다. 언택트 시대에 캠핑을 즐기는 이들이 다시 늘면서 전국의 유명 캠핑장은 주말 예약하기가 하늘에 별 따기 수준이다. 하지만 남도가 어떤 곳인가. 드넓은 평야에 산과 바다까지 모든 자연조건을 갖춘 캠핑여행의 성지답게, 치열한 예약 전쟁에서 '광클릭'하다가 '광탈' 당하지 않고도 훌륭한 캠핑장을 선택할 수 있다. 해마다 어린이날에 맞춰 나비축제를 여는 함평은 최근 가족 여행자들 사이에서 떠오르는 캠핑 여행지다. 함평군이 지역 관광사업의 일환으로 캠핑장 조성에 앞장서면서 새로운 캠핑장들이 속속 문을 열고 있다. '호남가'의 주인공답게 풍요로운 남도 땅의 전형을 간직한 함평은 산과 들, 강과 바다를 모두 품고 있어서 마음에 드는 캠핑 여행지를 고르기만 하면 된다.

Q 어린이들이 좋아할 만한 캠핑장은?

답답한 도시를 벗어나 층간소음 걱정 없이 마음껏 뛰어 놀 수 있는 것이 캠핑의 매력이다. 자연 속에서 아이들과 제대로 즐기고 싶다면 함평 대동저수지를 찾아가면 된다. 함평 신광면에 자리한 대동저수지는 생태공원으로 조성돼 있는데 저수지 상류에 '별별캠핑장'이라고 불리는 '함평자연생태 글램핑&오토캠핑장'이 기다리고 있다. 이름에서 짐작할 수 있듯이 글램핑과 오토캠핑장을 모두 갖춘 신상 캠핑장이다. 특히 글램핑 시설이 종류별로 마련돼 있는데 편백나무로 만든 원목 카라반과 스파를 즐길 수 있는 욕조 카라반, 그리고 냉·난방과 침구류 등 각종 편의시설을 갖춘 대형 인디언 텐트까지 취향에 따라 고르면 된다. 글램핑의 특성 상 캠핑용품을 따로 챙길 필요는 없다. 인덕션, 전자레인지, 인터넷 와이파이 등도 자유롭게 이용할 수 있다.

Q 별별캠핑장의 매력은?

'별별캠핑장'의 가장 큰 특징이자 매력은 안개다. 전국 최초의 '쿨링 포그 캠핑장'으로 안개를 테마로 한 캠핑장이다. 쿨링 포그cooling fog는 일종의 인공안개다. 뽀얀 안개가 캠핑장 곳곳에서 뿜어져 나오는데 미세 물 입자가 공기 중에 고압으로 분사 되면서 한낮의 뜨거운 열기를 식혀주고 미세먼지까지 효과적으로 줄여준다. 친환경 시설인 동시에 캠핑장의 분위기를 살려주는 '별별캠핑장'만의 볼거리로 사랑받고 있다.

Q 주변의 볼거리는?

'별별캠핑장'은 대동저수지를 사이에 두고 '함평자연생태공원'과 마주보고 있다. 함평군이 운영하는 생태공원으로 캠핑장 이용자는 바로 옆 '양서파충류 생태공원'까지 무료 입장이 가능하다. '함평자연생태공원'은 다양한 식물과 반달가슴곰을 만날 수 있는 생태탐방공간이다. 키 큰 나무들과 앙증맞은 들꽃이 옹기종기 모여 아늑한 숲을 이루고, 오솔길을 따라 자연의 아름다운 풍경들이 동화처럼 펼쳐져 있다. 공원의 길은 모두 편평해서 자전거를 타고 공원 둘레길을 한 바퀴 달려보는 것도 좋다. 특히 반달가슴곰들이 어찌나 귀여운 지 사과 같은 간식을 챙겨 가면 반달곰의 귀여운 재롱을 마음껏 볼 수 있다.

'별별캠핑장'답게 어두컴컴한 밤이 되면 대동저수지에 화려한 별빛 쇼가 펼쳐진다. 도시에서는 잘 보이지 않던 작은 별들이 하나씩 얼굴을 드러내며 밤하늘을 가득 수놓는다. '세상에 이렇게 많은 별들이 여전히 하늘에서 빛나고 있었다'는 사실에 감탄하며 환상의 별빛 쇼를 직관할 수 있다. 봄밤의 낭만은 절로 따라온다.

Q 함평 바닷가 캠핑장은?

함평을 대표하는 바다는 돌머리 해안이다. 함평군청을 기점으로 8㎞가량 떨어져 있는 돌머리해수욕장에 오토캠핑장이 있다. 해수욕과 캠핑을 한꺼번에 즐길 수 있는 곳으로 카라반 10대와 텐트 사이트가 마련돼 있다. 카라반 창문은 모두 바다를 향해 있어서 굳이 밖으로 나가지 않아도 돌머리 해안과 갯벌을 한 눈에 조망할 수 있다. 카라반 내부에 침대, TV, 취사도구, 식기류, 화장실, 샤워장, 에어컨 등이 설치돼 있고 야외 테이블까지 따로 제공돼서 편안하게 캠핑을 즐길 수 있다.

돌머리 해수욕장에서 그리 멀지 않은 곳에 해당화길과 이미자 노래비로 유명한 안악해변이 있다. 노을 풍경이 아름답기도 소문이 자자해서 인스타그램 인증 명소로 유명한 곳이다. 포구가 있는 갯마을이다 보니 물놀이를 할 만한 해변은 없지만 해당화 꽃길을 따라서 멋진 바닷가 산책로가 기다리고 있다.

계절의 여왕, 곡성은 장미의 계절

계절의 여왕 5월, 곡성에는 꽃의 여왕이 오셨다. 봄과 여름이 공존하는 이맘때에 곡성 '섬진강기차마을'에서는 장미의 계절이 시작된다. '섬진강기차마을'은 기차를 테마로 한 복합관광단지로 곡성 여행의 랜드마크다. 1998년 전라선 복선화 공사로 폐선 된 옛 전라선 구간을 지역의 관광허브로 재탄생시킨 곳이다. 곡성역에서 가정역까지 이어진 기찻길은 총 17.9㎞로 국도와 철길, 그리고 섬진강이 함께 흐른다. '섬진강기차마을'은 계절별로 아름다운 꽃밭이 펼쳐지는데 4월에는 철쭉, 5월에는 장미, 10월에는 국화 꽃밭이 손님들을 반긴다. 5월의 주인공답게 화려한 장미 꽃밭이 기차마을에서 우리를 기다리고 있다.

Q 장미정원?

장미정원은 '섬진강기차마을'의 중앙 광장을 중심으로 펼쳐져 있는데 꽃밭 규모만 4만㎡에 이른다. 세계 장미 꽃밭이라는 이름에 걸맞게 천여 종이 넘는 세계 각국의 장미들이 화사한 꽃망울을 터트린다. 장미의 원조라고 할 수 있는 유럽 토종 장미를 비롯해 새롭게 개발된 신품종 장미들이 한자리에 모여 있는데 아기 얼굴만큼 크고 탐스러운 장미부터, 방울방울 이슬처럼 작고 귀여운 장미들까지 꽃구경하는 재미가 쏠쏠하다. 5월이 되면 장미 꽃송이들이 하나 둘 피어나기 시작해서 6월 초순까지는 매일매일이 리즈 경신이다.

아름다운 장미가 기다리는 '섬진강기차마을'은 곡성을 대표하는 관광지답게 둘러볼 곳이 많다. 기차마을 입구와 나란히 어깨를 맞대고 있는 옛 곡성역은 근대문화유적지로 지정된 역사문화시설이다. 당시 역무원의 의상과 무전기 등 1970년대 기차역의 모습이 그대로 보존돼 있어서 둘러보는 재미가 있다. 기차마을 안에서는 폐선 된 철도를 따라 증기기관차를 타고 가정역까지 기차여행을 즐기거나 레일바이크 투어도 가능하다. 장미정원 옆으로 기차 역사를 보여주는 미니어처 기차 체험장과 섬진강의 자연 생태계를 엿볼 수 있는 전시관도 마련돼 있다.

Q 주변의 볼거리는?

곡성에서 장미 구경을 할 계획이라면 트래킹을 함께 즐겨봐도 좋다. 곡성레저문화센터 광장에서 출발해서 곡성고등학교와 메타세쿼이아길을 거쳐 '섬진강기차마을'까지 약 4km의 길을 걸을 수 있는데 넉넉잡고 서너 시간이면 가능하다.

    지리산과 섬진강을 품은 곡성은 크고 작은 장터들이 여전히 성업 중이다. 특히 기차마을 건너편에 자리 잡은 '기차마을 전통시장'은 현지 주민들은 물론 전국에서 찾아 온 여행자들로 장터가 늘 북적인다. 3일과 8일에 열리는 오일장이지만 매주 토요일에는 상설 장터가 열린다. 곡성에서 키운 농산물을 비롯해 찹쌀 도넛이랑 멸치육수에 말아주는 장터국수랑 곡성 토란으로 만든 쿠키·마카롱 같은 달콤한 주전부리가 입맛을 당긴다.

Q 5월 곡성에서 하룻밤 묵고 싶다면?

봄이 짧아지면서 5월 중순부터는 초여름 날씨를 보인다. 따뜻함보다 시원함이 당기는 시기에 곡성 여행은 탁월한 선택이다. '섬진강기차마을'에서 그리 멀지 않은 곳에 계곡 좋기로 소문난 도림사 관광지구가 있다. 아무리 날이 가물어도 물이 마르지 않는다는 도림사 계곡에서 잠깐 발을 담그고 쉬다 보면 절로 힐링이 된다. 곡성으로 1박 2일 여행을 계획한다면 도림사 입구에 자리한 '도림사 국민관광단지 오토캠핑리조트'에서 하룻밤 묵는 것도 좋다. 글램핑이 가능한 카라반 25동과 캐빈 14동, 40개의 텐트 사이트 시설을 갖춘 대형 캠핑장으로 다양한 캠핑을 즐길 수 있다.

노랑꽃창포 피는 장성 황룡강

5월은 결혼 시즌이다. 5월에 만날 수 있는 특별한 꽃 중에 하나가 족두리풀인데 전통 혼례에서 신부가 머리에 썼던 족두리를 닮아 이름 붙여진 꽃이다. 봄이 되면 땅속에서 두 개의 잎이 먼저 나오고 조금 더 시간이 지나면 잎 사이에서 꽃대가 올라와 딱 한 송이의 꽃이 핀다. 홍자색 꽃이 땅 색깔과 비슷해서 눈여겨보지 않으면 쉽게 찾을 수 없는 신비로운 꽃이다. 오월의 신부를 연상케 하는 족두리풀처럼 오월에 피는 봄꽃이 있다. 수줍은 듯 화사한 꽃모양이 새 신부를 닮은 노랑꽃창포다. 얼핏 보면 우리나라에서 자생하는 노랑붓꽃과 닮았지만 유럽이 고향인 귀화식물이다. 단오날 머리를 감을 때 사용하던 창포와도 달라서 향기는 거의 없지만 특유의 화사함이 매력적이다. 노랑꽃창포가 필 무렵, 장성에서는 축제가 열린다.

Q 노랑꽃창포가 피는 곳은?

노랑꽃창포 꽃밭은 옐로우시티Yellow City 장성을 대표하는 강, 황룡강 수변길에 펼쳐져 있다. 5월 들어 꽃대가 올라오더니 겨우내 무채색이던 강변을 화사하게 물들이기에 바쁘다. 장성의 대표적인 관광지인 황룡강생태공원은 강변을 따라 철마다 화려한 꽃길이 펼쳐진다. 옐로우시티라는 이름처럼 황화코스모스, 백일홍, 해바라기 등 노랑꽃이 주종을 이루는데 5월의 대표 선수는 바로 노랑꽃창포다. 황룡전통시장을 시작으로 문화대교, 장미터널, 힐링정원, 장안교, 연꽃단지, 황미르랜드까지 이어지는 노랑 꽃길이 '오즈의 마법사' 친구들이 걷던 노란 벽돌 길처럼 우리의 발걸음을 멋진 오즈의 나라로 데려다 줄 것만 같다.

Q 황룡강생태공원이 궁금해요?

전라남도 최북단에 있는 장성은 광주, 담양, 영광, 정읍 등의 지역과 이웃하고 있다. 정읍에서 시작한 물길은 장성을 거쳐 광주까지 흐르는데 장성과 광주를 지날 때 강의 이름이 황룡강이다. 장성군이 옐로우시티로 지역 브랜딩을 하면서 황룡강 수변을 생태공원으로 새롭게 단장했다. 황룡강생태공원의 가장 큰 매력은 사계절 내내 꽃을 볼 수 있다는 점이다. 5월의 황룡강을 곱게 물들이는 노랑꽃창포는 꽃밭 규모로 가장 넓은 면적을 차지하고 있다. 강변을 따라서 장안교에서 제2황룡강까지 4.8㎞ 구간에 꽃밭이 조성돼 있는데 샛노랑 꽃창포 물결이 황룡강의 아름다움을 더해준다.

노랑꽃창포는 보기에만 예쁜 것이 아니다. 일반 수생식물에 비해서 수질 정화 능력이 다섯 배 이상 뛰어난 덕분에 황룡강의 수질 개선과 생태계 복원에도 한 몫을 하고 있다. 노랑꽃창포가 피는 시기에는 꽃양귀비, 안개초, 수레국화 같은 노랑 꽃들도 함께 구경할 수 있다. 강변 꽃길이 끝없이 이어진 터라 꽃길 산책만 해도 족히 한 시간 정도 걸리는데 가는 길 곳곳에 전망대와 쉼터가 마련돼 있어서 봄나들이 장소로 인기가 많다.

최근에는 새롭게 단장한 황룡강 야간 경관이 인기다. 장성읍 시가지에서 봉암로를 따라 황미르교 방면으로 이어진 밤 풍경이 사뭇 황홀하다. 멋진 조명으로 꾸며진 황룡강 연꽃정원은 색색의 연꽃이 시선을 끄는데 정원을 가로지르는 데크 길을 따라 연꽃전망대에 닿으면 황룡강의 아름다운 야경을 온전히 감상할 수 있다. 살랑살랑 부는 봄바람을 맞으면서 봄밤의 강변을 여유롭게 걷고 싶다면 강물의 흐름을 따라 연꽃정원 반대편으로 발길을 돌려보자. 화려한 조명으로 꾸며진 서삼교 장미터널과 가동보가 감상 포인트다. 건너편 힐링허브 정원에 있는 '옐로우 해피 트리'는 싱가포르 '슈퍼트리'가 연상되는 디자인으로, 자연 친화적인 장성군의 희망찬 미래를 상징한다. 또 강변 근처에 조성된 유&아이가든, 아이러브장성 같은 포인트 정원들도 밤 풍경에 산뜻함을 더한다.

야경의 하이라이트는 완공을 앞둔 공설운동장 '옐로우시티 스타디움'이다. 5천 석 규모의 주경기장 지붕에 장식되어 있는 황룡의 모습은 강변에서도 쉽게 눈에 띌 정도로 웅장하다. 옐로우시티 스타디움 주변으로 새로운 수변생태공원이 조성 중인데 암석수국원과 플라워 터널, 황금빛물결정원 등 아름다운 조경과 어린이 놀이 시설이 함께 문을 열 예정이다.

Q 황룡강생태공원 주변 볼거리는?

장성에서 황룡강생태공원과 함께 인기가 많은 여행지가 '장성호 수변길'이다. 장성호 둘레길을 따라 조성된 트래킹 코스로 호수를 길동무 삼아 산책할 수 있다. 호숫가를 돌아보는 〈장성호 수변길〉과 숲 속 둘레길을 걷는 〈장성호 숲속길〉로 나눠져 있는데 수변길 중간에서 만나는 '옐로우 출렁다리'와 '황금빛 출렁다리'는 일명 소원 다리로 사랑받고 있다. 먼 옛날 장성호에서 하늘로 승천했다는 두 마리 황룡의 모습을 본 따서 만들어진 다리다. 황룡의 기운이 여전한 탓일까. 다리를 건너면서 황룡에게 소원을 빌면 이뤄진다는 전설이 아직까지 유효하다.

'장성호 수변길' 주차장에서는 장성의 다양한 농·특산품을 만날 수 있는 수변길마켓이 열린다. 장성 농민들이 직거래로 판매하는 상설장터로 장성 땅에서 키운 고품질의 농·특산품을 합리적인 가격에 구입할 수 있어서 여행자들의 만족도가 높다.

5월 셋째 주 노랑꽃창포 피는 징검돌 풍경 간

봄이 오는 길, 금오도 비령길

싱그러운 생명의 기운이 넘치는 오월의 자연은 생의 찬가로 가득 차 있다. 눈부신 신록 사이로 짝짓기를 하려는 새들의 부산한 날갯짓과 사랑의 세레나데가 끊임없이 이어진다. 날마다 새로 피어나는 꽃밭에는 나비와 벌, 딱정벌레 같은 작은 곤충들이 새로운 삶을 노래하며 부지런히 움직인다. 그 어떤 음악보다 아름다운 자연의 하모니가 울려 퍼지는 오월의 마지막 여행은 여수 금오도다. 여수 금오도에는 걷기 여행의 성지인 제주 올레길과 맞먹는 둘레길이 있다. 이름하여 비령길이다. 계절과 상관없이 일 년 내내 전국에서 많은 이들이 금오도 비령길을 걷기 위해서 섬을 찾지만 개인적으로 추천하고 싶은 계절은 봄이다. 그야말로 맑디맑은 쪽빛 바다가 펼쳐진 금오도의 봄은 미세먼지 공격으로 답답했던 눈을 제대로 호강시켜 준다.

Q 비렁길?

금오도 말로 '비렁'은 절벽이라는 뜻이다. 이름 그대로 금오도 해안 절벽을 따라 조성된 길이다. 금오도 주민들이 물고기나 미역을 채취할 때 다녔던 옛길을 복원해서 여행자를 위한 둘레길로 새롭게 공개했다. 섬 전체를 아우르는 비렁길은 총 18.5㎞로 숲길과 바닷길이 계속 이어지는 것이 특징이다. 섬이지만 굵직한 소나무 숲이 군락을 이루고 있는데, 조선시대 때 궁궐을 짓거나 전투함(판옥선)을 만들 때 쓰인 소나무를 키웠던 곳이 금오도라고 한다. 덕분에 지금까지 아름드리 솔숲과 동백나무숲이 빽빽하게 우거져 있다. 금오도 비렁길은 섬을 한 바퀴 돌아 제자리로 돌아오는 원점 회귀형 둘레길로 총 다섯 개의 코스가 마련돼 있다. 1번 코스부터 5번 코스까지 전체를 종주해 보는 것도 좋지만 시간이 여의치 않다면 가장 걸어보고 싶은 코스를 선택해서 걸어도 된다. 비렁길 곳곳에 금오도의 역사와 아름다움을 엿볼 수 있는 명소들이 기다리고 있는데 해안 절벽에서 미역을 널어 말렸다는 '미역널방'과 우리나라 토종 고래인 '상괭이'를 볼 수 있는 '신선대', 해안가 마을 앞에 자리한 작고 아늑한 '직포해수욕장' 까지 볼거리가 많다.

> 무엇보다 상서로운 동물인 상괭이를 보면 좋은 일이 생긴다고 하니 신선대를 지날 때는 두 눈을 크게 뜨고 상괭이를 찾아보길 바란다.

Q 금오도 가는 길은?

여수를 대표하는 여행지답게 금오도행 여객선이 많다. 여수에서 금오도까지 하루 7차례 여객선이 운항하는데 여수항과 돌산 신기항, 백야도 선착장에서 출발한다. 운행 시간은 20~25분 정도로 계절별로 시간표가 달라지기는 하지만 통상 오전 7시~8시에 첫 배가 출항하고 금오도에서 돌아오는 배는 오후 4~5시가 마지막이다.

Q 금오도가 자랑하는 맛은?

예부터 바닷가 사람들은 '독을 품고 있는 생선일수록 국물이 시원하다'고 했다. 예를 들어 복어나 쑤기미, 심지어 말미잘까지 탕으로 끓이면 국물이 시원하고 먹고 나면 속이 편안해 진다는 것이다. 남해바다에서 많이 잡히는 쏨뱅이도 마찬가지다. 등지느러미와 아가미 부분에 독가시가 있는데 찔리면 통증이 심하고 오래간다. 하지만 단 맛과 함께 감칠맛이 좋아 국물이 있는 탕으로 끓여먹으면 깊고 시원함이 타의 추종을 불허한다. 여수에서는 주로 쏨뱅이를 맑은 탕으로 끓이는 것을 즐기는데 무와 파만 넣고 소금간만 살짝 하는데도 그 맛이 일품이다. 생선 대가리가 크고 뼈가 단단해서 국물이 깊게 우러나오기 때문에 한 술 뜰 때마다 끝 갈데 없는 시원한 맛이 입맛을 당긴다. 금오도에서도 쏨뱅이 맑은 탕이 상에 자주 오른다. 쏨뱅이가 살아있는 듯 훤히 보일 정도로 맑은 국물이지만 청양고추로 칼칼한 맛을 낸다고 해서 음식 이름은 쏨뱅이 매운탕이다. 생선살은 부드러우면서 탱글탱글한 질감이 묘하게 교차되는데 씹을수록 단 맛이 은은하게 올라오고 생선 특유의 감칠맛이 진하다. 쏨뱅이탕에 곁들이는 밑반찬도 금오도에서 나는 식재료들인데 방풍나물, 시금치나물, 파래무침, 멸치볶음, 마늘장아찌 같은 반찬이 집 밥처럼 정겹다. 특히 금오도 주조장에서 빚은 막걸리 한 잔에 쏨뱅이 맑은 탕을 한 술 뜨면 입 안 가득 향긋한 봄 바다를 느낄 수 있다.

여름 기운이
물씬
유월

신안	#도초도 #수국섬 #시금치 #간재미
영광	#법성포 #백수해안도로 #굴비정식
광양	#사라실마을 #라벤도농원 #와인동굴
무안	#솔바람길 #도리포해수욕장 #어촌체험마을

도초도가 온통 '수국수국'

요즘 들어 봄이 부쩍 짧아졌다는 걸 실감한다. '봄이 왔나' 싶으면 금세 땀이 삐질 날 정도로 날이 더워진다. 여름 기운이 물씬 느껴지는 6월, 여름 꽃 수국이 찾아왔다. 꽃송이가 크고 푸짐해서 그런지 수국은 많은 이들이 사랑하는 꽃이다. 각 지자체마다 관광객 유치를 위해 수국 꽃밭 가꾸기에 열심인데 최근 제주도 서귀포와 경남 통영에 이어 수국 명소로 떠오르고 있는 곳이 신안 도초도다.

Q 도초도가 궁금해요?

도초도는 목포에서 서남쪽으로 54.5㎞ 떨어져 있는 섬으로 우리나라에서 13번째로 큰 섬이다. 섬의 모양이 당나라 수도와 비슷하면서 초목이 무성해 도초(都草)라 불렀다고 하기도 하고 고슴도치처럼 생겨 그렇게 불렀다는 설도 있다. 전국적으로 도초도는 섬초로 불리는 시금치와 바둑 천재 이세돌의 고향 섬으로 유명했는데 몇 년 전부터는 수국섬으로 불린다. 폐교된 도초 서초등학교 부지와 주변 야산을 중심으로 약 3만 7천 여 평의 드넓은 수국 정원이 자리 잡고 있는데 섬마을 주민들이 수 년 동안 수국을 심고 가꾼 결과다. 수국 종류는 산수국부터 나무수국, 제주수국까지 백여 종이 넘고 수국 꽃나무만 3만 여 그루가 넘는 환상적인 꽃밭이다. 2019년에 첫 수국축제를 개최한 이후 해마다 6월이면 전국적인 수국 꽃잔치가 열린다.

Q 도초도 가는 길은?

천개의 섬을 품은 신안군은 연륙·연도교 사업을 활발하게 추진하고 있지만 아쉽게도 아직 도초도를 연결하는 다리는 없다. 도초도행 배편은 목포 여객선 터미널과 목포 북항 선착장, 그리고 신안 암태도 남강선착장에서 출발하는데 쾌속선으로 50분 가량 걸리고 차도선을 타면 2시간 20분 정도 걸린다. 도초도 옆 섬인 비금도와는 연도교가 개통돼서 자동차로 이동할 수 있는데 비금도를 거쳐 도초도에 가는 방법도 있다. 배편이 오전 6시부터 오후 10시까지 하루 스무 차례 정도 왕복 운행을 하고 있어서 당일치기 여행을 하기에도 불편함이 없다. 비금도와 도초도까지 둘러볼 계획이라면 자동차를 가지고 배를 타는 것이 좋다.

    신안군이 최근 공들이는 것이 섬을 이용한 관광산업이다. 각 섬의 특성을 살려서 대표 꽃밭과 컬러 마케팅을 펼치고 있는데 도초도의 상징은 수국과 '코발트 블루'다. 도초도에 도착하면 푸른빛으로 물들인 마을이 한 눈에 들어오는데 섬 안 모든 집들의 지붕이 온통 푸른 바다를 닮은 '코발트 블루'색이다. 멀리서 보면 하얀 벽과 파란 지붕으로 유명한 지중해 산토리니 섬을 연상시킨다.

Q 도초도가 자랑하는 맛은?

도초도를 대표하는 특산품이 시금치만 있는 게 아니다. 섬 앞바다에서 많이 잡히는 간재미는 맛과 영양이 뛰어나 예부터 도초도 주민들이 보양식으로 즐겨 먹었던 생선이다. 봄부터 여름까지 잡히는 간재미는 살이 두툼하고 담백해서 다양한 음식으로 즐길 수 있는데 쫀득쫀득한 간재미회부터 새콤달콤 무쳐 먹는 간재미회무침이 별미다. 갓 지은 고슬고슬한 톳밥에 간재미회무침만 있으면 밥도둑이 따로 없다. 여기에 톡 쏘는 맛이 일품인 도초 막걸리 한 잔을 곁들이면 남부럽지 않은 호사를 누릴 수 있다.

Q 도초도의 볼거리는?

2021년 여름, 도초도 '팽나무 10리길'이 '환상의 정원'이라는 이름으로 개장했다. '팽나무 10리길'은 섬의 관문인 화포선착장에서 수로를 따라 약 3.5㎞ 이어지는데 70~100년 된 팽나무 7백여 그루가 조붓한 산책로를 사이에 두고 길 양편에 푸른 터널을 만들었다. 팽나무마다 출신 지역을 적은 팻말이 걸려 있는데 주로 고흥, 해남, 장흥 등 전남 해안 지역이 고향이고 멀게는 충남 홍성과 경남 진주에서 온 나무도 있다. 팽나무는 느티나무·푸조나무 등과 함께 수명이 가장 긴 나무에 속하는데 아름드리로 자란 나무는 마을을 지키는 당산나무로 대접받고 해안가에서는 방풍림으로 이용했던 나무다.

도초도에 이사 온 팽나무들은 저마다 사연이 있다. 밭둑에 덜렁 자라 농작물에 그늘을 드리우는 애물단지 취급을 받거나 산비탈이나 농수로에 뿌리내려 천대받던 팽나무들이 모였다. 도초도에서 오래된 팽나무를 모은다는 소문이 퍼지자 직접 전화를 걸어오는 사람도 있었다고 한다. 공사에 방해가 돼 뽑아내려고 하는데 가져갈 거냐는 문의가 이어졌고 장흥의 한 농민은 밭 한가운데에서 농지를 잡아먹는 팽나무를 뽑아갈 수 있겠느냐고 전화를 해오기도 했다. 이렇게 제자리를 못 찾아 가치를 인정받지 못하던 나무들이 도초도에 뿌리를 내리게 됐다. 기본적으로 키가 10m이상 되는 팽나무들이 5톤짜리 트럭에 실려 배를 타고 도초도로 옮겨졌다. '팽' 당할 처지의 나무들이 모여 명품 숲을 이룬 것이다.

숲길을 따라 흐르는 월포천은 1970년대 농지를 조성하면서 건설한 인공 수로인데 웬만한 강처럼 폭이 넓다. 바람이 없는 날에 팽나무 가로수가 잔잔한 수면에 비친 모습이 또 일품이다. 수로에 나룻배를 띄울 계획이라고 하니 다음 여름에는 나룻배 타러 도초도에 가 보는 것도 좋을 것 같다.

민족의 명절 수릿날, 영광 법성포 단오 여행

음력 5월 5일은 단오 날이다. 일명 수릿날이나 중오절로 불렸던 단오는 일 년 중에 양기가 가장 왕성한 날이라고 해서 조선시대에는 설날·추석과 함께 3대 명절로 손꼽혔던 중요한 날이었다. 초여름에 모내기를 끝낸 농민들이 풍년을 기원하며 하늘에 제사를 올리고 밤새워 즐겼는데 여자는 창포물에 머리를 감거나 그네를 뛰고 남자는 활쏘기와 씨름 같은 민속놀이를 즐기면서 하루를 보냈다. 단오제의 오랜 전통은 지금도 소중한 문화유산으로 이어지고 있다. 전국적으로 대규모 단오제가 열리는 곳이 강원도 강릉과 영광 법성포다. 굴비의 고장으로 유명한 영광 법성포에서는 해마다 단오날에 맞춰 <영광 법성포단오제>를 개최하는데 무려 5백여 년의 역사와 전통을 자랑하는 대규모 행사다. 뜨거운 여름이 오기 전에 영광으로 단오 여행을 떠나보자.

Q 법성포단오제?

법성포단오제는 서해안을 대표하는 단오제로 강릉 단오제와 함께 국가중요무형문화재 (제123호)로 지정된 문화유산이자 전통문화를 즐길 수 있는 지역축제다. 음력 5월 5일을 기점으로 4~5일 동안 축제가 열리는데 용왕에게 뱃길 안전과 풍어를 비는 용왕제, 관광객들과 함께 배를 타고 즐기는 선유놀이, 단오장사 씨름대회와 그네뛰기 등을 즐길 수 있다. 이외에도 창포머리감기와 창포비누 만들기 체험, 단오부채 만들기 체험, 영광군 특산품을 이용한 푸드 장터 등 관광객들이 직접 참여할 수 있는 체험 행사도 다양하다. 단오제의 주요 무대는 법성포 매립지에 마련된 중앙 무대를 중심으로 '법성포 단오제 전수교육관'과 '법성진 숲쟁이공원'에서 열린다.

Q 법성포의 매력은?

조선 후기의 실학자 이중환은 지리서 〈택리지〉에서 법성포 포구를 '호수와 산이 아름답고 민가의 집들이 빗살처럼 촘촘하여 작은 서호로 부른다'고 했다. 서호는 천하제일의 경치를 자랑했던 중국 항저우의 명승 호수다. 서호와 버금갔다는 법성포는 지금 공유수면 매립공사로 호수 같은 풍광의 핵심이던 갯벌은 사라졌지만 대신 드넓은 지평선을 따라 철마다 고운 꽃들이 피어난다. 특히 법성포의 봄을 물들이는 샛노란 유채꽃밭은 보는 이의 마음을 설레게 한다.

법성포구에서 작은 언덕을 지나면 늘 푸른 나무들이 우거진 '법성진 숲쟁이공원'을 만날 수 있다. '숲으로 된 성'이라는 뜻의 숲쟁이 공원은 마을을 지켜주는 수호 숲이자 자연 성곽이다. 조선 중종 때 축조된 법성진성을 연장하기 위해 심은 느티나무와 팽나무들이 수 백 년 동안 키자람을 하면서 아름드리 숲을 이뤘다. 국가지정 명승 22호로 지정된 보물 숲으로 나무들마다 초록 이끼가 내려 앉아 있어 신비로움을 더해준다. 한여름이면 나무 아래 펼쳐진 평상으로 주민들이 모여서 더위를 피하는 여름 쉼터로 여전히 사랑받고 있다.

Q 법성포 주변의 볼거리는?

법성포를 빠져 나와 영광대교를 건너면 드라이브 코스로 좋은 백수해안도로가 이어진다. 갈매기나 쉬어갈 만큼 조그맣고 한적한 모래미해변을 지나면 약 6㎞ 해안도로 전 구간이 절벽이어서 어디서나 바다 전망이 시원하다. 백수해안도로를 찾는 여행자들이 늘면서 도로 곳곳에 주차장이 마련돼 있고 해안도로 아래로 목재 데크 산책로가 2.3㎞에 걸쳐 설치돼 있어서 좀 더 가까이, 좀 더 여유롭게 바다를 구경하면서 걸을 수 있다. 특히 이곳에서 보는 바다 노을 풍경은 누구라도 발걸음을 멈추게 만드는데 요정들이 물감을 하늘에 풀어 놓은 듯 오색빛깔로 물들어가는 바다가 무척 아름답다. 망망대해만 펼쳐진다면 바다가 다소 밋밋할 수도 있는데 수평선 언저리에 크고 작은 섬들이 어우러져 있어서 자연이 빚은 노을 작품에 완성도를 높여준다.

  백수해안도로에서 만난 노을광장은 칠산바다의 아름다운 노을을 한 눈에 바라볼 수 있는 전망대와 함께 야관 경관 조명이 관광객들의 눈을 즐겁게 한다. 노을전망대 중앙에는 칠산도의 상징이자 천연기념물인 괭이갈매기 날개를 형상화한 대형 조형물이 인증사진 명소로 주목받고 있다.

77번 국도를 따라 달리다 보면 칠산타워가 웅장한 자태를 드러낸다. 칠산타워는 전라남도에 설치된 전망대 가운데 가장 높은 111m의 대형 타워다. 1층과 2층에는 활어판매장과 향토 음식점 등이 들어서 있고 3층에 전망대가 자리 잡고 있는데 전망대에 오르면 광활한 칠산 앞바다와 다도해 풍경이 한 눈에 들어온다.

Q 법성포가 자랑하는 맛은?

법성포에 갔다면 굴비 맛을 보는 건 필수다. 법성포 식당들은 대부분 굴비와 함께 한정식을 차려 내는 '굴비정식'을 한다. 시원한 녹차 물이나 구수한 된장국에 밥을 말고 마른 굴비 한 점을 얹어서 먹는 굴비정식은 두고두고 생각날 영광의 맛이다. 굴비구이를 먹었다면 매콤한 양념으로 자작하게 끓여내는 조기매운탕과 고사리 등 나물을 넣고 칼칼하게 끓이는 굴비조림도 별미다.

법성포를 나와 설도항에 잠시 들를 수 있다면 갓 잡은 신선한 도다리회와 못생겨서 더 맛있는 삼식이탕에 각종 젓갈이 오르는 바닷가 밥상을 맛 볼 수 있다. 굴비만큼은 아니지만 영광의 특산품으로 모싯잎 송편도 유명하다. 친환경 모싯잎으로 만든 송편인데 크기가 보통 송편의 두 배가 넘어서 옛 농가에서는 '머슴송편'으로 불렸다고 한다. 송편 속은 보통 동부를 통째로 넣어서 식감과 맛을 살리는데 대중적인 입맛을 위해 설탕과 깨를 넣어서 만들기도 한다. 전통의 맛을 음미할 수 있는 영광의 디저트다.

보랏빛 향기 머무는 광양 사라실마을

이제 곧 장마철 시작이다. 꿉꿉한 장마철을 잘 견디기 위해서는 심신을 뽀송하게 만들 필요가 있다. 장마가 오기 전에 몸과 마음의 평안을 찾아 광양 사라실 마을로 떠나보자. 광양읍 사곡리의 작은 농촌마을인 사라실 마을은 6월이면 보랏빛 향기로 가득하다. 바로 라벤더 꽃밭 때문이다. 현대인을 괴롭히는 만병의 근원인 스트레스를 없애기 위해 허브약초에 대한 관심이 높아지면서 전국적으로 라벤더 농가가 늘고 있다. 그 중에 경기도 연천과 강원도 고성 등과 함께 남도에서는 광양 사라실마을이 라벤더 농원으로 유명하다.

Q 사라실마을이 궁금해요?

'사라실(紗羅室)'이라는 이름은 마을 뒷산 옥녀봉에 살던 옥녀가 베틀로 비단을 짤 때 작업실로 쓰던 곳이라고 해서 붙여졌다. 사라실마을은 라벤더 농장이 있는 '본정'과 금광굴이 고스란히 보존돼 있는 '점동', 예술인들이 모여 사는 '억만'까지 3개 마을로 이뤄져 있다. 평범했던 농촌마을이 10년 가까이 라벤더나무를 공들여 심고 가꿔온 덕분에 지금의 멋진 라벤더 마을로 전국적인 인기를 누리고 있다. 라벤더가 꽃 피우는 5월 말부터 마을 전체가 보랏빛으로 물드는데 향기까지 좋아서 꽃길을 걷는 것만으로도 심신안정에 그만이다.

Q 라벤더농원은 어떤가요?

광양 사라실마을의 라벤더 꽃밭은 다른 지역과 달리 농사를 목적으로 운영되는 농원이다. 농업기술센터와 함께 마을 영농조합법인이 농가의 소득 향상을 위해서 특용작물로 키우는 라벤더이기 때문에 6월 말이 되면 라벤더 수확에 나선다. 수확 전까지는 사라실마을을 찾는 꽃 손님들을 위해서 마을 주민들이 흔쾌히 라벤더농원의 문을 열어둔다. 덕분에 누구든지 무료로 라벤더 꽃밭을 둘러 볼 수 있다. 마을 분들이 해마다 라벤더 나무를 추가로 심고 있어서 어쩌면 오래지 않아 일본 홋카이도 후라노 지역의 '팜도미타 농장'처럼 국내

외 여행객들이 라벤더정원을 보기 위해 광양 사라실마을을 찾을 지도 모른다.

라벤더 꽃밭을 즐길 때는 라벤더가 상하지 않도록 조심하는 게 좋다. 농민들의 소중한 자산이기 때문인데 인증사진을 찍는다고 꽃밭 사이를 함부로 헤집고 다니지 않아야 한다. 6월은 라벤더 만개 시즌으로 보랏빛으로 물든 동글동글한 라벤더 덤불이 농원 전체를 메우고 있다. 라벤더가 향도 좋고 꿀도 많아서 벌과 나비들에게 인기가 많은데 특히 라벤더 덤불 가까이에 가면 붕붕붕 벌 소리가 들릴 정도다. 꽃가루를 나르고 꿀을 따느라 바쁜 벌들은 위협을 느끼지 않으면 쉽사리 공격을 하지 않지만 그래도 안전이 최고니까 라벤더 가까이에 갈 때는 사방주시를 해야 한다.

Q 라벤더농원에서 즐길 만한 체험거리가 있나요?

라벤더는 허브의 왕으로 불리는 유럽 꽃으로 심신 안정과 불면증에 약효가 뛰어난 꽃이다. 농원을 찾는 라벤더 체험객들을 위해 다양한 공간이 마련돼 있는데 특히 100평 규모의 '라벤더 아로마 연구소'에서는 라벤더 방향제 만들기, 라벤더 향수 만들기, 라벤더 수확체험, 라벤더 피자 만들기 같은 체험을 할 수 있다. 라벤더 치유정원에서는 간단한 식사와 차를 즐길 수 있는 〈윤&필〉과 족욕 체험장이 마련돼 있다. 사라실농원에서 만든 라벤더 향수, 비누, 에센셜 오일, 베개 등 다양한 제품을 구경하고 구입할 수 있다.

Q 사라실마을 주변의 볼거리는?

사라실마을과 가까운 곳에 라벤더와 잘 어울리는 광양와인동굴이 있다. 2017년에 문을 연 광양와인동굴은 와인과 예술이 어우러진 복합문화예술 공간이다. 이 동굴은 원래 광양제철소가 원료와 제품을 운송하기 위해 화물열차를 운행했던 철로였다. 1987년에 개통한 광양제철선은 광양역에서 출발해 태금역을 연결하는 총 19㎞의 노선이었는데 2011년에 광양제철선을 개량하면서 약 301m에 달하는 석정동굴 구간이 폐선됐다. 광양시는 폐선 철도를 활용해서 와인과 예술을 테마로 한 '와인동굴'을 만들었고, 지금은 광양을 대표하는 관광명소로 사랑받고 있다.

와인동굴이라는 이름에 걸맞게 와인의 역사와 제조법을 살펴볼 수 있는 전시장과 전 세계 와인을 한 곳에서 보고 맛 볼 수 있는 시음공간이 마련돼 있다. 동굴 자체가 하나의 와인 박물관 같은 느낌이 드는데 100m 길이의 동굴 벽면에 벽화의 실루엣에 따라 영상이 구현되는 미디어파사드를 설치해 시선을 사로잡는다. 사람의 동작에 따라 반응하는 인터렉티브 미디어는 걸어 다닐 때마다 물고기가 헤엄치고 예쁜 꽃잎들이 흩날리며 흰색의 개구리가 연두색으로 색깔이 변하는 신기하고 재밌는 경험을 할 수 있다.

일 년 365일 적정 온도 17도를 유지하는 동굴은 여름에는 시원하고 겨울에는 따뜻해서 와인 보관에 최적지다. 동굴 안에서 잔 와인이나 간단한 안주를 주문해서 마실 수 있는데 마음에 드는 와인은 구매할 수 있다. 단, 와인동굴 내부에는 화장실이 없고 반려동물 입장도 제한된다.

와인동굴 옆에 자리한 '에코파크'는 국내 최초의 동굴 속 어린이 체험공간으로 180m 공간에 13개의 콘텐츠가 준비되어 있다. 4차 산업의 시대에 맞춰 AI증강현실, AR콘텐츠 체험을 통해 어린이들의 창의력과 공간 지각력을 극대화할 수 있어서 가족과 연인, 친구들과 함께 특별한 추억을 만들 수 있다.

푸른 바람이 불어오는 곳, 무안 송계 솔바람길

비가 오나 눈이 오나 언제 찾아도 좋은 여행지가 있다. 장마와 상관없이 여행할 수 있는 최적의 장소는 바다다. 여기에 푸른 숲길까지 있다면 금상첨화가 아닐까. 2021년 팬데믹으로 지친 이들을 위해 전라남도가 '물길 따라 걷는 힐링 숲길'을 주제로 걷고 싶은 전남 숲길 공모전을 열었다. 두 달 동안 전문가와 전남 도민들이 참여한 설문조사를 통해 6곳이 엄선됐는데 그 중에서 바다와 숲의 매력을 동시에 느낄 수 있는 곳이 '무안 송계 솔바람 숲길'이다.

Q 솔바람 숲길이 궁금해요?

이름만 들어도 탁 트인 숲길이 연상되는 솔바람길은 청정 갯벌이 펼쳐진 무안 해제면 송석리 갯마을에 있다. 무안을 대표하는 도리포 해수욕장에서 그리 멀지 않은 해안가 숲길로 키다리 소나무들이 해안을 따라 늘어서 있다. 해수욕장처럼 드넓은 백사장은 아니지만 동남아 해변의 야자수처럼 길게 늘어선 소나무 숲길이 1㎞나 이어진다. 하늘에서 보면 예쁜 초승달처럼 송계 해변을 감싸고 있는 모습이 무척 아름답다.

서해안의 갯마을은 조수간만의 차가 커서 마을 앞 해변에 방풍림이 많이 조성돼 있는데 송계 솔바람 숲길도 그런 마을 숲 중의 하나다. 오랫동안 거센 파도와 바닷바람으로부터 갯마을을 지켜주던 해송숲이었지만 해수욕장처럼 관광지가 아니다 보니 자연 상태 그대로 그 자리를 지켜왔다. 몇 년 전부터 무안군은 그동안 관리가 아쉬웠던 해수욕장 인근 해송숲을 대대적으로 정비해 왔는데 그동안 잘 알려지지 않았던 송계마을 해송숲이 주목받으면서 '걷고 싶은 전남 숲길'로 선정된 것이다. 호젓한 해변을 따라 시원한 바닷바람에 솔향까지 가득한 숲길을 걷다 보면 몸도 마음도 한결 가벼워지는 기분을 느낄 수 있는데 해가 갈수록 더 멋진 '송계 솔바람 숲길'을 기대해 봐도 좋을 것 같다.

Q 송계해변은 해수욕장이 아닌가요?

솔바람 숲길의 해변은 해수욕장처럼 모래사장이 없다. 해송숲을 따라 마을 사람들이 이용했던 작은 찻길이 나 있는데 찻길 옆 해변의 흙이 단단해서 해수욕 보다는 차박 캠핑하기에 최적의 장소다. 해변 앞으로는 일출과 일몰을 동시에 조망할 수 있는 바다가 있고, 뒤로는 아름드리 해송숲이 펼쳐져 있어서 차박 캠퍼들의 사랑을 듬뿍 받고 있다.

해수욕을 즐기고 싶다면 솔바람길에서 멀지 않은 곳에 도리포해수욕장이 있다. 고운 모래사장과 해송숲이 우거져 있고 편의시설까지 갖추고 있어서 가족 여행지로 그만이다. 시간이 여유롭다면 '황토갯리 600리'길을 걸어보는 것도 좋다. 톱머리 해수욕장부터 조금나루와 무안황토갯벌랜드를 거쳐 도리포 해수욕장과 송계해변까지 둘러보는 코스인데 특히 조금나루는 홀통해수욕장이나 도리포해수욕장처럼 유명세는 없지만 4km가 넘는 긴 백사장에 울창한 소나무숲이 우거져 있어서 외국의 해변을 연상시키는 이국적인 풍경을 자랑한다.

Q 솔바람 숲길 주변의 볼거리는?

무안 송계마을은 어촌체험마을로 유명하다. 바지락·낙지·고동잡기 같은 체험부터 갯벌생태 관찰까지 계절별로 다양한 체험프로그램을 운영하고 있다. 갯벌체험은 사전예약을 통해 진행되며 인터넷과 전화로 신청이 가능하다. 배를 타고 10분 정도 이동해서 갯벌체험을 하는데 밀물과 썰물 때에 맞춰 진행하기 때문에 사전에 체험시간을 반드시 확인해야 한다. 물때가 새벽이거나 아침 일찍 바다가 열리는 날에는 관광안내소 2층에 있는 방갈로나 마을 주민들이 운영하는 민박집에서 숙박이 가능하다.

장마가 끝나고 초록빛 칠월

강진	#일주일살기 #한옥마을 #민박 #가우도
담양	#명옥헌원림 #백일홍정원 #오일장터
신안	#홍도 #원추리 #동백꽃 #스쿠버다이빙
곡성	#3대계곡 #오토캠핑장 #폭포

'청정 강진에서 맘 확~푸소' 강진에서 일주일 살기

장마가 끝나면 본격적인 무더위와 함께 휴가철이 시작된다. 회색빛 도시에서 살다 보면 자연이 주는 초록빛 평온함이 그리울 때가 많은데 자연 속에서 온전한 쉼을 누리고 싶은 이들에게 딱 맞는 여행이 있다. 바로 <강진에서 일주일 살기>다.

Q 시골에서 일주일 살기?

〈강진에서 일주일 살기〉의 가장 큰 매력은 생활밀착형 여행이라는 점이다. 강진군에서 운영하는 '푸소FU-SO' 민박 프로그램을 활용해서 일주일 동안 먹고, 자고, 쉬는 여행이다. 청정 자연 속에서 여가를 즐기는 소규모 생활형 관광 트랜드에 잘 맞는 최신 여행 상품이다. 〈강진에서 일주일 살기〉는 민박집에서 방만 빌리는 게 아니고 농가 주인과 함께 농사체험, 민화그리기, 다도체험 등을 즐길 수 있다. 매일 아침·저녁 식사는 강진에서 나는 맛난 먹거리를 이용해 민박집에서 제공하는데 원한다면 텃밭 채소 수확부터 밥상 차리기까지 함께 할 수 있다.

'스트레스 오프Stress Off, 필링 업Feeling Up'이라는 푸소의 뜻처럼 일주일동안 강진에서 생활하면서 스트레스는 날려버리고 좋은 에너지는 가득 채워서 돌아올 수 있는 특별한 여행이 될 것이다. 무엇보다 잠깐 동안이지만 농촌살이를 직접 경험해 볼 수 있어서 예비 귀농·귀촌인들의 관심이 높은데 〈강진에서 일주일 살기〉 이후 강진으로 귀농·귀촌하려는 이들이 부쩍 늘었다고 한다.

Q 가장 추천하고 싶은 농박 마을은?

월출산 아래 우아한 자태를 뽐내는 한옥마을이 있다. 이름마저 예쁜 '달빛한옥마을'은 월출산 천왕봉 남쪽 기슭인 성전면 월남리에 터를 잡았다. 마을 주민 대부분이 귀농·귀촌인들로 구성돼 있는데 한옥체험과 농촌생활을 경험할 수 있는 농가 민박(푸소)지로 유명하다. 야트막한 돌담길을 따라 늘어선 한옥들이 시간여행을 온 듯 고풍스런 매력을 뽐내고 월출산의 싱그러운 기운이 지친 몸과 마음에 힘을 주는 마을이다. 다도의 고장답게 차농사를 많이 짓고 있어서 찻잎 수확이나 찻잎 덖기 같은 간단한 체험이 가능하고 민박집에서 다도체험을 즐길 수 있다. 특히 강진표 밥상을 매일 아침·저녁으로 맛볼 수 있는데 텃밭에서 직접 키운 호박잎 쌈밥과 가지나물, 깻잎김치에 풋고추조림까지 맛은 물론 영양까지 듬뿍 담긴 건강 밥상이다. 요즘 '불멍·물멍'이라는 말이 있을 정도로 아무것도 하지 않는 게 힐링이 될 때가 있다. 한적한 시골 마을에서 푸근한 정까지 느낄 수 있는 <강진에서 일주일 살기>는 늘 바쁘고 소란스럽게 사는 도시 사람들에게 특별한 휴가를 선사할 것이다.

Q 놓치면 후회 할 강진의 볼거리는?
남도답사일번지답게 다산 정약용의 다산초당이나 청자박물관을 둘러보는 것도 좋은 선택이지만 액티브한 여행을 원한다면 가우도를 추천한다. 강진 도암면과 대구면 사이에 있는 작은 섬 '가우도'는 강진의 유일한 유인도다. 섬과 육지를 잇는 다리가 연결돼 있어서 걸어서 갈 수 있다. 대구면과 가우도를 잇는 저두출렁다리는 438m, 반대쪽 도암면은 716m 길이의 망호출렁다리로 연결돼 있다. 자동차가 다닐 수 없는 출렁다리이기 때문에 걸어서 섬으로 들어가는 것이 가우도의 가장 큰 매력이다. 섬을 한 바퀴 돌아볼 수 있는 '함께해(海)길'이 여행자들에게 인기가 많은데 최근 들어 청자타워 짚트랙이 가우도를 대표하는 명소가 됐다. 청자타워는 가우도에서 가장 높은 곳에 설치된 청자모양의 타워로 '함께해길'과 연결된 등산로를 통해서 10~15분 정도 올라가야 한다. 짚트랙은 약 1㎞ 길이로 해상체험시설로는 전국에서 가장 길다. 짚트랙 라인이 세 개라서 연인이나 가족 단위 여행객들이 동시에 이용할 수 있다. 발밑에 펼쳐진 까마득한 풍경 속으로 어떻게 뛰어들어야 할지 막막하지만 몸은 이미 와이어를 따라 움직인다. 안전 펜스가 젖혀진 후 발판이 천천히 내려앉는 구조라서 발이 땅에서 떨어지는 순간 의지와 상관없이 활강이 시작된다. 강진만을 가로지르며 나는 시간은 1분 남짓, 손발이 저릿했던 공포는 어느새 성취감으로 바뀌어 마음을 흥분하게 만든다. 짜릿한 활강이 끝나면 저두출렁다리 입구에 도착하는데 아예 섬 밖으로 나가는 코스라서 가우도에 더 이상 볼일이 남지 않은 때에 색다른 탈출 방법으로 이용하면 좋다.

백일홍 피는 담양 명옥헌원림

7월이 되자마자 폭염주의보가 발령하는 날이 늘었다. 그렇다고 에어컨 바람만 찾다 보면 냉방병에 걸리기 십상이다. 찜통더위에 머리 지끈거리게 만드는 에어컨 바람이 싫다면 꽃바람 부는 담양으로 떠나 보자. 따가운 햇살을 비집고 담양의 고운 여름 꽃, 백일홍이 얼굴을 드러냈다.

Q 담양 백일홍이 피는 곳은?

담양군 고서면에서 광주호를 끼고 가사문학관을 향해 달리다 보면 산덕리 후산마을이 나오는데 그 곳에 백일홍 정원으로 유명한 '명옥헌원림'이 있다. 조선 중기, 오희도라는 선비가 터를 잡은 곳으로 아들 오이정이 명옥헌을 짓고 건물 앞뒤에 네모난 연못을 만든 후에 주변으로 배롱나무와 각종 꽃나무를 심어서 멋진 정원을 만들었다. 예부터 배롱나무는 청렴을 상징하는 나무로 서원이나 서당 앞마당에 많이 심었는데 선비들은 '개인의 영달을 위해 신념을 굽히게 될지 모를 자신을 미리 경계하느라' 가까운 곳에 배롱나무를 심고 늘 마음을 다스렸다고 한다.

국가명승지로 지정된 명옥헌원림은 무려 4백 년의 역사를 자랑하는 정원으로 정자 건물을 중심으로 배롱나무와 꽃나무가 군락을 이루고 있어서 '명옥헌원림'이라고 불린다. 정원 자체가 마을 깊숙이 자리 잡고 있어서 일부러 길을 찾아 들어가야 만날 수 있는 '시크릿 가든'이다. 아름다운 민간 정원의 백미로 꼽히는 명옥헌은 정자 주변의 배롱나무에 백일홍이 꽃망울을 터트리는 7~9월이면 그대로 한 폭의 그림이 된다.

Q 명옥헌이 궁금해요?

명옥헌은 조선시대 정자문화의 진수가 모여 있는 담양에서도 소쇄원과 함께 최고의 민간정원으로 손꼽히는 곳이다. 계곡물 흐르는 소리가 옥구슬이 구르는 것처럼 맑고 영롱하다고 해서 '명옥헌'이라는 이름이 붙여졌는데 자연을 벗 삼아 글을 읽거나 제자들을 양성하던 일종의 공부방이었다.

명옥헌의 가장 큰 매력은 연못과 배롱나무 숲이다. 정자를 중심으로 위·아래 두 곳에 연못을 만들고 그 주변을 빙 둘러서 배롱나무를 심었다. 정자 뒷산에서 내려오는 계곡 물이 위쪽 연못을 채우고 그 물이 다시 아래 연못을 채우도록 설계되어 있다. 특히 연못의 모양이 원형이 아니라 네모난 것이 눈에 띄는데 강진 다산초당 마당에 있는 연못과 같은 모습이다. 백일홍이 피는 한여름에 정자 마루에 앉아 연못을 바라보면 주변의 배롱나무와 물에 비친 배롱나무가 한데 어우러져 꽃구름을 타고 있는 듯 신비한 매력을 뽐낸다. 명옥헌에 가기 위해서는 후산마을 주차장에 차를 두고 걸어서 15분쯤 골목길을 따라 올라가야 한다. 구불구불한 골목길을 따라 한참 걷다 보면 갑자기 탁 트인 정원이 펼쳐지는데 시크릿가든이라는 말이 새삼 실감난다.

Q 백일 동안 꽃이 피나요?

백일 동안 피어있는 꽃이 있다면 아마 대박 상품이 될 것이다. 백일 동안 피어있다는 백일홍의 의미는 한번 꽃이 피면 백일을 간다는 것이 아니라 배롱나무 가지마다 맺힌 수천 송이 꽃망울이 백일 동안 피고 진다는 걸 의미한다. 한여름 무더위가 시작되는 7월 초순부터 9월 중순까지 명옥헌원림의 백일홍을 마음껏 구경할 수 있는데 배롱나무의 하얀 나무 줄기에 푸른 잎과 다홍빛 꽃잎들이 하늘거리는 모습이 상당히 아름답다. 눈길 닿는 곳마다 멋진 풍경을 담을 수 있지만 최상의 전망 포인트는 명옥헌 툇마루다. 사방으로 트인 문으로 시원한 산바람이 불어오고 연못에 비친 백일홍 자태를 감상하다 보면 무더위로 지친 몸과 마음이 한결 가벼워지는 기분이 든다.

후산마을에는 명옥헌 배롱나무만큼 유명한 나무가 하나 더 있다. 국가명승으로 지정된 보물 나무로 일명 '후산리 은행나무'로 불리는 3백년 된 고목이다. 조선 인조대왕이 왕이 되기 전에 담양의 선비들을 만나러 명옥헌에 왔을 때 말을 매어둔 곳이라고 해서 '인조대왕 계마행 나무'로 불리기도 한다. 일단 은행나무가 크고 굵어서 은행잎이 노랗게 물이 드는 가을이면 후산마을 일대가 횃불을 밝힌 것처럼 환해진다.

Q 담양이 자랑하는 맛은?

후산리 마을에서 멀지 않은 곳에 창평 오일장터가 있다. 오랜 역사를 자랑하는 오일장답게 전통 먹거리가 가득한데 특히 장터 국밥이 유명하다. 돼지 내장과 살코기를 푹 우려낸 육수에 밥을 말아서 끓인 창평국밥은 잡냄새 없이 국물 맛이 진하고 구수하다. 모둠 수육을 얹은 국밥에 창평주조장에서 빚은 막걸리를 곁들이면 든든하게 속을 채울 수 있다. 좀 더 특별한 맛을 원한다면 암뽕순대국밥이나 선지국밥을 선택해도 후회가 없다.

7월 둘째 주 | 백일홍 피는 담양 명옥헌원림

'홍도야 울지 마라, 원추리가 있다' 신안 홍도

삼복더위에 바다처럼 좋은 여행지가 없다. 시원한 바닷바람이 뜨거운 무더위를 단숨에 날려주기 때문이다. 바다여행을 결심했다면 마음먹은 김에 좀 더 먼 바다로 가 보는 건 어떨까. 신안 흑산도에서 한참을 더 가야 만날 수 있는 섬이 있다. 섬 전체가 천연기념물로 지정된 보물섬 홍도다.

Q 여름 홍도에 가는 이유는?

7월의 홍도는 원추리의 계절이다. 해마다 이맘때 홍도에서는 원추리축제가 열린다. 홍도에서 피는 원추리는 이름 자체가 '홍도원추리'다. 홍도에서 처음 발견된 원추리 품종으로 세계적인 멸종위기종이다. 홍도에서만 볼 수 있는 '홍도원추리'는 삼복더위가 한창인 7월 중순이 제철이다. 홍도원추리는 주로 군락을 이루며 피어있는데 홍도에서 가장 높은 산봉우리인 깃대봉을 중심으로 산자락과 능선을 따라서 홍도원추리 꽃밭이 펼쳐져 있다.

Q '홍도원추리'의 매력은?

꽃이 크고 색이 화려해서 어디서나 눈에 띄는 원추리는 주로 지리산 같은 산지에서 많이 피어있다. 바닷가에 핀 원추리는 흔하지 않은데, 특히 홍도원추리는 바닷바람을 맞고 자라서 그런지 크기와 색이 육지 원추리와는 사뭇 다르다. 일단 꽃의 크기가 작고 색도 노란빛이 많이 도는 주황빛이다. 육지 원추리와 다른 생김새 덕분에 관상 가치가 높은 꽃으로 사랑받고 있다.

홍도원추리는 이름처럼 홍도에서 자생 군락지를 이루고 있다. 2003년에 홍도가 특성도서로 지정된 후에 개발제한지역으로 지정되면서 섬의 자생식물들이 그대로 보존된 탓에 훼손 없이 멋진 꽃밭을 지킬 수 있었다. 덕분에 후박나무와 당채송화 같은 희귀식물들도 홍도원추리와 함께 군락을 이루며 해마다 고운 꽃망울을 터트린다.

Q 홍도의 볼거리는?

홍도는 천연기념물로 지정된 신비의 섬으로 섬 전체가 천연보호구역과 다도해해상국립공원으로 지정돼 있다. '홍도(紅島)'라는 이름은 붉은 동백꽃이 섬을 뒤덮고 있어서 해질 녘 노을에 비친 섬이 붉은 옷을 입은 것 같다 하여 '홍의도'라고 불리던 것이 이후에 홍도로 바뀌었다. 바위로 만들어진 섬이다 보니 깎아지른 절벽과 기암괴석이 즐비한 해안을 따라 천혜의 비경이 펼쳐져 있다. 수많은 해식 동굴과 크고 작은 바위섬들을 품고 있으며 거친 바닷바람을 온 몸으로 맞은 숲의 나무들이 맑고 푸른 바다와 어우러져 아름다운 풍경을 연출한다.

홍도를 한 눈에 살펴보고 싶다면 유람선을 타는 것이 좋다. 섬을 한 바퀴 도는 유람선 투어는 '홍도 10경'을 모두 볼 수 있어서 여행자들에게 인기가 많다. 홍도 깃대봉을 오르는 트래킹도 좋다. 해발 365m 깃대봉까지 오르는 길은 완만해서 걷기 편하고, 걷는 내내 다도해 해상국립공원의 그림 같은 풍경과 푸른 숲속의 건강한 기운을 느낄 수 있다.

가능하다면 섬에서 숙박하면서 홍도가 자랑하는 노을을 꼭 보고 오는 게 좋다. 섬 전체가 홍갈색을 띤 규암질의 바위섬인데 해질녘에 가장 붉게 물든다. 하늘과 바다에 퍼지던 붉은 빛이 섬까지 하나로 물들이는 모습이 장관이다. 홍도에서 가장 멋진 노을을 볼 수 있는 곳은 몽돌해변으로 오후까지 해변에서 물놀이하다가 노을까지 보고 오면 좋다. 홍도의 바다는 마치 거울 같아서 바람이 없는 날에는 바다 속 10㎞까지 들여다보일 정도로 투명한데, 바다 밑의 신비로운 풍경을 보기 위해서 스쿠버다이버들이 자주 찾는 다이빙 포인트이기도 하다.

Q 홍도에 가는 길은?
홍도가 지금의 모습을 보존할 수 있었던 건 사람들의 발길이 쉽게 닿지 못했기 때문이다. 예전과 비교해서 뱃길이 많이 편해지긴 했지만 홍도까지 가는 길은 여전히 멀다. 목포에서 흑산도까지 하루 두 번 쾌속선이 운행하는데 목포에서 비금·도초를 지나 흑산도에 잠시 정박했던 배는 다시 홍도까지 더 달려가야 한다. 약 2시간 30분이 걸리는 뱃길이지만 시원한 바닷바람을 맞으면서 가는 길이 그렇게 지루하거나 멀게 느껴지지 않는다.

Q 홍도가 자랑하는 맛은?
홍도는 대표 먹거리라는 게 없을 정도로 바다에서 나오는 모든 게 맛있다. 살이 오르기 시작한 돔부터 우럭·농어까지 싱싱한 자연산 회를 마음껏 먹을 수 있다. 특히 홍도 앞바다에서 작살로 잡아 올린 자연산 전복이 유명한데 바다 속에서 자유롭게 살던 전복이라서 그런지 진짜 손바닥 만한 왕전복이다. 즉석에서 회로 먹어도 비리지 않고 기운이 팍팍 솟는 게 삼복더위 복달임으로 그만이다.

골라 가는 재미, 곡성 계곡 '3대 천황'

본격적인 여름휴가가 시작됐다. 여름휴가를 계획할 때마다 생기는 고민이 '산으로 갈까? 바다로 갈까?'일 거다. 사실 크게 고민할 필요 없이 한 주는 산으로, 한 주는 바다로 가면 될 일이다. 그런 의미에서 먼저 산으로 여름휴가를 떠나 보자. 여름 산에서 가장 시원한 곳이 계곡이다. 산 속 깊은 곳에서 흘러내린 계곡물은 뜨거워진 공기를 식혀주고 아름드리나무 그늘 아래에서 시원한 물놀이까지 즐길 수 있다. 남도는 명산이 많아서 골골마다 맑은 물이 흐르는 계곡이 많다. 골짝나라 곡성에는 진짜 멋진 계곡들이 곳곳에서 기다리고 있는데 여름휴가지로 좋은 곡성 계곡계 3대 천황을 골라봤다.

Q 첫 번째 곡성 계곡은?

첫 번째 계곡은 곡성읍내와 가까운 도림사 계곡이다. 동악산 입구부터 도림사 경내까지 이어지는 계곡으로 지방 기념물로 지정된 명성 높은 계곡이다. 계곡 길을 따라 너럭바위들이 200m 이상 이어진 전국 최대 규모의 암반 계곡이다. 아무리 가문 날에도 물이 마르지 않을 정도로 사철 물이 넘치는데 계단식 계곡이 아홉 굽이를 이루고 있고 계곡이 꺾어지는 곳마다 길이가 2~4m에 달하는 너럭바위가 쉼터를 만들어준다. 옛 시절에 풍류 좀 안다는 선비들이 와서 놀았던 유서 깊은 피서지답게 바위들마다 멋진 시구들이 새겨져 있다.

동악산 계곡 길에 자리 잡은 도림사는 해골물로 득도하셨다는 신라시대 원효대사가 창건한 천년고찰이다. 도인들이 숲을 이룰 정도로 많았다고 해서 '도림사'로 불릴 만큼 지금까지 널리 이름이 알려진 큰 인물들이 많은데 일단 도림사를 창건한 원효대사를 비롯해 풍수지리의 대가인 도선국사와 사명대사까지 모두 도림사 출신이다. 대사 배출 명문 사찰답게 괘불탱(보물 제1341호)등 문화재급 보물도 많이 소장하고 있다.

Q 두 번째 곡성 계곡은?

두 번째 계곡은 죽곡 동리산에 자리한 태안사 계곡이다. 태안사 입구에서 일주문까지 숲길이 2㎞ 이어지는데 숲길을 따라 줄곧 계곡이 흐르고 있다. 여느 계곡처럼 폭포나 넓은 소가 있지는 않지만 올망졸망 이어진 숲과 계곡이 수려한 모습을 자랑한다. 특히 태안사 일주문 앞을 지키는 '능파각'은 다리 겸 누각으로 태안사 계곡을 한 눈에 조망할 수 있는 훌륭한 전망대 역할을 한다. 도림사 계곡처럼 너럭바위 같은 쉼터는 없지만 굽이굽이마다 편평한 터가 마련돼 있어서 물놀이하기에 부족함이 없다.

태안사는 다른 사찰에 비해 규모는 크지 않지만 역사적으로 보면 상당한 내력을 자랑한다. 예전에는 순천 송광사와 구례 화엄사를 종사로 둘만큼 서열이 높은 사찰이었는데 미국 CNN이 선정한 아름다운 사찰 33선에 선정될 정도로 멋진 풍광을 자랑한다. 능파각을 지나 일주문을 통과하면 엄청 큰 연못이 가장 먼저 눈에 띄는데 그곳에 부처님 사리를 모셨다는 삼층석탑이 있다. 그 옆으로 6·25 한국전쟁 당시 태안사에서 숨진 경찰들을 기리기 위한 '경찰승혼탑'이 있다. 아름다운 경치만큼이나 오랜 역사와 아픔을 간직한 유서 깊은 사찰이다.

Q 동악산이 궁금해요?

곡성 계곡계 2대 천황이 자리한 동악산은 그 자체로 훌륭한 힐링 여행지다. 동악산은 평소에 산을 즐기지 않는 사람들에게는 생소할 수 있지만 전국 100대 명산에 어엿하게 이름을 올려놓은 산이다. 걸보기에는 평범한 산으로 보이나 산속에 들면 골짜기가 깊고 바위로 이뤄진 산세가 범상치 않다. 남쪽 산줄기는 형제봉과 최악산으로 이어지고 북쪽 아래로는 섬진강이 흐르며 곡성읍을 품고 있다. 산의 규모는 크지 않지만 동서남북으로 산줄기가 뻗어있어서 산행코스가 매우 다양하다.

도림사에서 시작해 동악산 정상만 찍고 내려오는 한나절 코스부터 삼인봉에서 최악산까지 20㎞에 육박하는 종주코스도 있다. 특히 '도림사 ~ 동악산 ~ 배넘이재 ~ 형제봉 ~ 오토캠핑장'으로 연결되는 약 13.6㎞ 구간은 동악산이 자랑하는 명품 숲길로 '하늘정원'이 유명하다. 이곳은 원래 '배넘이재'라고 불리던 곳이었는데 과거 바닷물이 들어와 배를 타고 넘어 다녔다는 이야기가 전해 내려온다.

하늘정원은 배넘이재를 포함해 약 2.5ha의 규모를 자랑하는데 푸른 솔숲과 함께 5만여 그루의 산수국과 꽃무릇 꽃밭이 펼쳐져 있다. 사시사철 산행하기가 좋지만 산수국이 피는 8월, 꽃무릇이 피는 10월에 가는 것을 추천한다.

Q 마지막 곡성 계곡은?

마지막 계곡은 '청계동 계곡'이다. 도림사 계곡을 품은 동악산 줄기가 섬진강으로 이어지는 곳으로 예부터 빼어난 경치를 인정받은 명승지다. 청정 1급수를 자랑하는 맑은 물이 계곡 사이로 흐르고 울창한 소나무 숲이 우거져 시원한 그늘이 많다. 계곡 바닥에 깔려있는 바위와 돌들은 매끄럽고 부드러워 앉아서 놀기에 좋다. 4㎞에 달하는 청계동 계곡은 수없이 많은 골짜기를 따라 군데군데 작은 폭포와 소가 만들어져 있어서 계곡 여행의 진수를 느낄 수 있다. 청계동이라는 이름은 임진왜란 당시 의병장 고경명 장군의 오른팔이었던 '청계 양대박 장군'의 호를 딴 것이다. 청계동 계곡은 고경명 장군과 함께 금산전투에 참여했던 양대박 장군의 본거지로 의병을 양성하던 진지이자 요새였다.

곡성 도림사 계곡

여름이 끝나기 전에 팔월

무안	#황토갯벌랜드 #캠핑장 #갯벌체험
지리산	#노고단 #야생화 #등산
무안	#회산백련지 #연꽃축제 #오토캠핑장
진도	#접도 #웰빙등산로 #유배지공원

태고의 신비가 살아 숨 쉬는 곳, 무안 갯벌

8월은 여름방학과 여름휴가가 겹치는 달이다. 초등학생 자녀가 있는 가정이라면 두 가지 고민을 동시에 해결할 수 있는 미션 장소가 절실하다. 스스로 구하면 얻을 것이니, 그 고민을 단박에 해결 할 수 있는 곳이 있다. 시원함은 기본이고 하루 24시간이 모자랄 정도로 신나는 체험이 기다리고 있는 곳, 〈무안황토갯벌랜드〉다.

Q 황토갯벌랜드?

〈무안황토갯벌랜드〉는 원래 '무안생태갯벌센터'였던 곳이 이름을 바꾸면서 편의시설과 체험프로그램을 대폭 확대했다. 2001년 국내 첫 습지보호구역으로 지정된 무안 갯벌을 테마로 다양한 체험프로그램이 마련돼 있다. 특히 갯벌을 따라 조성된 '국민여가캠핑장'은 전국 캠퍼들에게 무한한 사랑을 받고 있는 캠핑 명소다. 글램핑이 가능한 카라반과 텐트를 칠 수 있는 나무 데크가 마련돼 있고 사이트마다 모닥불과 바비큐를 즐길 수 있는 잔디 마당이 제공된다.

Q 캠핑장은 어때요?

국민여가캠핑장이 처음 문을 열었을 당시에는 갯벌 체험객을 위한 숙소로 카라반 10대만 있던 작은 캠핑장이었다. 이후 무안 갯벌을 찾는 여행객들이 늘면서 캠핑장도 문전성시를 이뤘는데 〈무안황토갯벌랜드〉로 확장 개업을 하면서 캠핑장 규모도 커졌다. 현재 카라반 19대와 텐트 데크 40여 개가 설치돼 있고 펜션 형태의 황토 이글루와 황토 움막, 방갈로 같은 숙박시설이 새롭게 들어서면서 가족 여행지로 주목받고 있다. 특히 바비큐 전용 실내 공간이 별도로 마련돼 있어서 한여름 열대야와 모기들의 공격을 피하면서 시원하고 맛있게 바비큐를 즐길 수 있다. "캠핑은 힘들어, 정말 아무 것도 하지 않고 격렬하게 쉬고 싶다"는 분들도 걱정할 필요 없다. 〈무안황토갯벌랜드〉 건물 안에 식당과 카페를 함께 운영하고 있어서 손 하나 까닥하지 않고 편안하고 안락한 휴가를 즐길 수 있다.

Q 갯벌 여행의 매력은?

무안은 자타공인 우리나라를 대표하는 청정갯벌이다. 무안 해제면의 임수반도와 영광군 염산면 사이에서 무안과 함평군을 끼고 육지 안쪽으로 길게 갯벌 밭이 펼쳐져 있는데 바다에서 들어오는 만의 입구는 작지만 만의 안쪽은 거대한 평원처럼 드넓다. 갯벌의 길이는 19.5㎞, 최대 폭 너비는 7.5㎞로 면적만 해도 35.41ha에 달하는 그야말로 광활한 갯벌이다. 2021년에는 무안 갯벌이 충남 서천, 전북 고창, 전남 신안·보성·순천과 함께 '한국의 갯벌'로 유네스코 세계유산에 등재되면서 갯벌의 가치를 세계적으로 인정받았다. 무엇보다 무안 갯벌이 더 매력적인 이유는 지금이 한창 때라는 점이다. 대부분의 갯벌이 수천 만 년의 역사를 간직한 오래된 갯벌인데 비해 무안 갯벌은 이제 겨우 3천 살 밖에 되지 않는 신생 갯벌이다. 아직까지 갯벌의 생성과 소멸 과정을 관찰할 수 있으며 수많은 생명들이 무안 갯벌을 터전 삼아 살아가고 있다. 그만큼 생물다양성이 높고 자연 상태의 원시성을 그대로 보전하고 있어서 갯벌체험을 하기에 더할 나위 없다.

〈무안황토갯벌랜드〉의 가장 큰 매력은 갯벌 속으로 직접 들어가 발로 밟고 만지면서 오감체험이 가능하다는 점이다. 갯벌에 들어가기 어렵다면 갯벌 산책로를 걸어보는 것도 좋다. 갯벌 구석구석까지 이어진 나무 데크 길을 따라 드넓은 갯벌을 한 눈에 조망할 수 있다. 갯벌 산책을 즐기다 보면 책이나 영상에서만 보던 신기한 갯벌 식구들을 만날 수 있는데 어찌나 재빠르게 움직이는지 눈 깜짝할 새 사라진다. 그렇다고 실망은 금물이다. 잠시 여유를 갖고 기다리면 갯벌 위를 살금살금 기어가는 짱뚱어와 떼 지어 일광욕을 즐기는 칠게들, 그리고 멸종위기종인 '흰발농게'도 심심치 않게 볼 수 있다. 하지만 신기한 마음에 잡고 싶은 마음이 들더라도 갯벌로 뛰어 들어서는 안 된다. 무안 갯벌 전체가 습지보호지역이다 보니 관찰 이외에 잡는 행위는 모두 금지 사항이다. 만약 허락된다고 해도 게 눈 감추듯 사라지는 칠게나 짱뚱어를 잡기란 하늘에 별 따기만큼 어렵다.

Q 무안 갯벌이 자랑하는 맛은?

천연 미네랄 덩어리 갯벌은 먹거리의 보물 창고다. 갯벌에서 나는 먹거리는 무엇 하나 맛있지 않은 게 없다. 그 중에서 무안 갯벌이 가장 자랑하는 뻘낙지는 그야말로 타의추종을 불허한다. 쫀득한 식감에 담백한 맛은 기본이고 몸에 좋은 영양성분까지 풍부해서 몸과 입을 즐겁게 한다. 시원한 무와 매콤한 고추만 곁들인 연포탕부터 새콤달콤하게 무친 낙지초무침, 여기에 나무젓가락에 돌돌 말아서 양념장을 발라 구워먹는 낙지호롱이는 무안 갯벌이 선사하는 최고의 밥상이다. 고 김대중 전 대통령이 즐겨 먹었다는 칠게 튀김은 별미 중에 별미이고 갯벌 위의 귀염둥이인 짱뚱어를 통째로 넣고 끓인 짱뚱어탕과 짱뚱어튀김은 잊지 못할 무안의 맛을 선사한다.

하늘 아래 첫 꽃밭, 지리산 노고단

8월 중순은 매미들의 전성시대다. 매미가 떼 지어 울기 시작했다는 것은 여름이 얼마 남지 않았음을 알려주는 신호다. 땀 깨나 흘렸던 삼복더위가 가고 매미 울음소리까지 들리니 아직 여름휴가를 가지 못한 이들의 마음이 급해지는 때이기도 하다. 이맘때면 아침·저녁으로 바람까지 선선해져서 바닷가나 계곡을 찾기에는 늦었지만, 그렇다고 여름 더위가 모두 물러난 것은 아니니 여행지 고르기가 쉽지 않다. 여름과 가을 사이, 느지막한 여름휴가를 즐겨야 한다면 지리산 노고단으로 떠나보자. 한민족의 영산인 지리산은 봉우리마다 특별한 개성을 뽐내는데 노고단의 8월은 꽃밭으로 유명하다. 지리산 하늘정원으로 불리는 노고단은 우리나라 토종 야생화가 모두 피는 곳으로 여름 끝자락인 8월이면 봉우리 주변이 온통 야생화 천지다. 지리산의 기온은 보통 산 아래 땅과 비교해서 7~10도 정도 낮은데, 8월 중순 기온이 20도 안팎으로 유지되면서 야생화가 꽃망울을 터트리기 시작한다. 화사한 원추리를 시작으로 온갖 야생화가 피고 지는데 주변에서 흔히 볼 수 없는 신기방기하고 아름다운 야생화들이 꽃동산을 만든다.

Q 노고단 야생화가 궁금해요?

노고단의 대표적인 야생화는 원추리다. 화사한 원추리 군락지를 포함해 둥근이질풀, 기린초, 노루오줌, 범꼬리, 술패랭이 등 사진으로만 보던 야생화들이 노고단 산길을 아름다운 꽃길로 꾸며준다. 개인적으로 좋아하는 노고단 야생화를 몇 가지 소개한다면 산골짜기 물가나 습지에서 무리 지어 자라는 '물봉선화'는 봉선화과의 한해살이풀로 자줏빛 꽃을 피우고 강아지풀을 닮은 자줏빛 '산오이풀'은 이파리를 따서 손으로 문지르면 오이 향이 난다. 노고단 정상 부근에 군락을 이룬 '산오이풀'은 평지에서 사는 오이풀과 달리 가을 들판의 벼처럼 고개를 숙이고 있는 게 특징이다. 꽃봉오리가 망울망울 모여 부케처럼 풍성한 모양을 뽐내는 '꿩의비름'은 예부터 이질이나 배탈이 났을 때 약용으로 먹던 약용 야생화로 분홍빛 꽃이 수줍음 많은 새색시 같다. 옛날 사람들이 산길을 걸을 때 짚신에 자꾸 붙어서 이름 지어진 '짚신나물꽃'은 노란빛이 화사하고, 나물로만 알고 있는 '쑥부쟁이'와 '미역취'는 국화와 비슷한 모양의 꽃을 피운다. 노고단 정상 바로 아래에 있는 산책 길 풀숲에는 '투구꽃'이 피어난다. '투구꽃'의 보랏빛이 짙어질 때쯤 주변 철쭉나무 이파리에 단풍이 물들기 시작해서 가을을 알리는 야생화이기도 하다.

노고단에 피는 야생화들은 사진으로 봤을 때 '어 이렇게 예쁜 꽃들이 있었어' 라고 할 정도로 곱지만 실제로는 자세히 들여다봐야 보일 정도로 작고 아담한 꽃들이 대부분이다. 그렇기 때문에 노고단 산행은 천천히 가는 것이 중요하다. 숲길과 풀숲 사이에 피어난 야생화를 제대로 보기 위해서는 꼭 필요한 일이다. 아는 만큼 보인다는 말이 있지 않나. 요즘 꽃 사진을 찍으면 이름을 알려주는 모바일 앱 서비스가 있다. 길가에 핀 고운 야생화의 이름도 찾아보고 찬찬히 산책하듯이 구경하면 즐거움도 배가 된다.

Q 노고단으로 가는 길은?

지리산 봉우리 중에 가장 많은 이들이 찾는 곳이 노고단이다. 그만큼 가는 길이 어렵지 않다. 성삼재주차장에서 출발하는 노고단 코스는 가장 완만한 길인 동시에 지리산의 아름다운 풍경을 한껏 느낄 수 있는 곳이라서 사시사철 많은 이들이 오르는 길이다. 총 4.7㎞ 코스로 왕복 3시간이면 충분하다. 성삼재 주차장에서 노고단 쉼터까지는 자동차가 다녀도 될 만큼 넓은 길이고, 노고단 쉼터에서 정상까지 길은 나무 데크로 만든 산책로가 이어져 있어서 산행이 익숙하지 않은 사람들도 노고단 정상까지 어렵지 않게 오를 수 있다.

지금이야 누구나 노고단 정상까지 올라갈 수 있지만 사실 이곳이 일반인에게 공개된 것은 오래된 일이 아니다. 자연 훼손이 심각했던 노고단 복원 작업을 위해

10여 년 동안 사람의 출입을 엄격히 제한했기 때문이다. 1967년 지리산이 국립공원으로 지정되기 이전부터 노고단은 지리산에서 자연 훼손이 가장 심각한 지역이었다고 한다. 다른 코스에 비해 등산로가 완만한 데다 식물자원이 풍부했던 탓이다. 성삼재 관광도로가 개통하면서 탐방객이 급증하고 무분별한 벌목으로 노고단은 벌거숭이처럼 급속하게 황폐해졌다. 결국 1991년부터 2001년까지 일반인의 출입을 제한하고 자연을 복원하는 자연휴식년제를 적용하면서 지금의 노고단을 되찾을 수 있었다.

현재 노고단 탐방은 자연훼손을 막기 위해서 탐방예약제로 운영된다. 여름 성수기(7/18~8/9)와 가을 성수기(10/17~11/8)에는 30분 간격으로 70명까지 입장을 제한하고, 나머지 기간에는 오전 9시부터 오후 4시 사이에 자유롭게 입장할 수 있다. 입장 시간은 아주 엄격하게 지켜지는데 1분이라도 늦게 도착하면 다음 입장 시간을 기다려야 한다. 국립공원관리공단 홈페이지에서 사전예약이 가능하며 해설사와 동행하는 탐방도 가능하다. 지정된 탐방로가 아니라면 자연보호를 위해 발걸음을 삼가는 것이 좋다.

향기롭고 우아하게, 무안 회산백련지

여행지를 고를 때 축제는 선택의 고민을 줄여준다. 일단 볼거리가 있고 특별한 체험거리들이 많아서 지루할 틈이 없기 때문이다. 8월 중순, 여름을 대표하는 축제가 무안에서 열린다. 축제의 주인공은 연꽃이다. 무안군이 주최하는 〈무안연꽃축제〉는 남도의 대표적인 여름축제로서 단일 연꽃축제로는 전국 최대 규모를 자랑한다. 1997년에 시작된 〈무안연꽃축제〉는 해마다 8월 중순 무렵에 회산백련지 일원에서 화려한 막을 연다. 동양 최대라는 타이틀답게 10만여 평의 연못을 가득 채운 초록빛 연잎 사이로 새하얀 백련이 꽃망울을 틔우는데, 우아하고 향기롭게 여름의 색다른 낭만을 즐길 수 있다.

Q 무안 회산백련지의 매력은?

서양의 아름다움을 대표하는 꽃이 장미라면 동양의 꽃은 연꽃이다. 진흙땅에서 피어난 고고한 연꽃은 꾸미지 않아도 은은한 향기와 고운 자태를 뽐낸다. 종류만 해도 홍련·자련·수련·백련까지 다양한데 무안 회산백련지는 이름처럼 새하얀 백련이 주인공이다. 아시아 최대 백련 자생지로 유명한 무안 회산백련지는 일제강점기 때 만들어진 저수지다. 회산마을의 한 주민이 저수지 위에 학 12마리가 내려와 앉는 꿈을 꾼 후 연을 심고 가꾸기 시작해서 오늘날 10만평의 거대한 백련지가 됐다고 한다.

회산백련지 백련은 꽃이 일시에 피어나는 홍련과 달리 한두 송이씩 꽃대가 올라오는데 7월부터 9월까지 세 달 동안 피고 진다. '꽃의 군자'라는 별명답게 수선스럽지 않게 꽃을 피우는 백련은 특히 향이 진해서 한 송이만 피어도 알 수 있을 정도다. 대부분의 꽃송이가 주먹만큼 크고 연잎의 지름은 1m에 달할 정도로 존재감이 특별하다.

회산백련지에는 백련 이외에도 수련·가시시연꽃·왜개연꽃·개연꽃·홍련·애기수련·노랑어리연꽃·어리연꽃 등 30여 종의 연꽃과 50여 종의 수변식물들이 함께 자라고 있는데 최근 충청남도 이남 지방에서 멸종된 것으로 알려진 가시연꽃 군락이 발견되면서 전국적인 이목을 끌고 있다.

Q 회산백련지에서 즐길 거리가 있나요?

<무안연꽃축제> 기간에는 무동력 보트를 타고 연방죽을 직접 돌아볼 수 있는 보트투어가 가능하다. 연방죽 위로는 280m길이의 백련교가 놓여있는데 회산백련지 곳곳을 산책하듯이 느긋하게 구경할 수 있다. 짙은 초록빛의 연잎들이 가득한 백련지는 보기만 해도 시원해지는 느낌이 드는데 실제로 숲 속 삼림욕장처럼 피톤치드와 음이온 등이 풍부해서 연과 함께 있는 것만으로도 건강해질 수 있다.

    회산백련지 옆으로 야외 물놀이장과 오토캠핑장도 마련돼 있다. 910m^2규모의 야외 물놀이장은 최대 1.2m까지 파도가 춤추는 파도풀과, 유아풀, 어린이풀, 성인풀 등 총 5개의 풀장이 있다. 워터터널 같은 물놀이 기구부터 간이매점, 탈의실, 샤워시설, 그늘막 등 여행객들을 위한 최적의 시설을 갖추고 있어서 해마다 이용객들이 늘어나고 있다. 오토캠핑장은 카라반 20동, 렌트 사이트 23개와 함께 화장실, 샤워장, 취사장, 바비큐장, 음수대, 정자 등 다양한 편의시설을 갖추고 있어서 여름밤 캠핑을 즐기기에 부족함이 없다.

워낙 먹을거리가 풍부한 무안이다 보니 회산백련지 근처에 유명 식당들이 많은데 백련이 필 무렵에는 연잎쌈밥 정식이 그만이다. 향긋한 연잎향이 어우러진 찰밥에 단호박 오리구이가 곁들여지는 연잎쌈밥 정식은 맛과 영양이 뛰어나서 늦여름 보양식으로 좋다.

명품 해안누리길, 접도 웰빙등산로

날로 뜨거워지는 지구를 살리기 위해 탄소제로가 대세다. 탄소제로 시대에 발 맞춰 '차 없이 한 달 살기' 프로그램에 참여했는데, 한 달 동안 가까운 거리는 걷고 먼 거리는 버스나 택시를 이용하며 생활하고 나니 새삼 걷는 게 즐거워졌다. 8월 끝자락은 제법 바람이 선선해져서 걷기에 딱 좋은 계절이다. 환절기에 우울감을 느끼는 비율이 높아진다는데 우울한 마음에는 햇살만큼 좋은 약도 없다. 걷는 김에 좀 멀리 떠나보자. 최근 트롯 가수 송가인씨의 고향으로 더 유명해진 진도에 산과 바다를 오롯이 느끼며 걸을 수 있는 명품 길이 있다.

Q 진도 명품길이 있는 곳은?

진도는 제주도와 거제도에 이어 우리나라에서 세 번째로 큰 섬이지만 배를 타지 않아도 된다. 이미 오래 전에 연륙교가 건설돼서 해남과 완도처럼 육지와 다름없다. 대신 크고 작은 부속 섬들이 진도 여행의 특별한 즐거움을 선사하는데 그 중 접도는 걷기 여행지로 인기가 높다. 해양수산부가 지정한 '해안누리길' 중의 하나인 〈접도 웰빙등산로〉는 작은 섬 접도를 구석구석 돌아볼 수 있는데 바다와 산의 매력을 모두 갖고 있는 멋진 길이다.

Q 접도는 어떤 섬인가요?

접도는 섬 이름 그대로 진도에 아주 가깝게 접해 있는 섬이다. 신비의 바닷길이 열리는 진도 의신면 금갑리 앞바다에서 15분 거리에 있다. 섬이지만 배를 타지 않아도 된다. 육지와 섬을 잇는 2차선 접도대교를 건너가면 도착할 수 있다. 접도는 면적이 4.3㎢, 해안선 길이 12.3㎞에 불과한 작은 섬으로 3백여 명의 주민들이 살고 있다. 바로 옆 섬인 모도가 현대판 모세의 기적으로 잘 알려진 여행지이다 보니 그 동안 별 주목을 받지 못했지만 접도에 발을 내딛는 순간 이내 그 매력에 빠져들고 만다. 연륙교가 놓이기 전까지 사람들의 발길이 뜸한 외딴 섬이었던 탓에 섬 안의 자연환경이 훼손되지 않고 그대로 보존될 수 있었다. 다도해를 앞마당 삼아 탁 트인 푸른 바다와 울창한 숲이 펼쳐져 있는 접도는 그 자체로 힐링 섬이다.

Q〈접도 웰빙등산로〉 코스가 궁금해요?

〈접도 웰빙등산로〉는 섬에서 가장 높은 남망산 등산로와 해변을 따라 이어져 있다. 접도 남망산은 해발 164m에 불과한 낮은 산이지만 해변의 기암절벽과 아름다운 다도해국립공원을 한 눈에 담을 수 있는 조망이 일품이다. 트래킹 코스는 접도 여미해변 주차장에서 출발한다. 먼저 남망산을 오르기 시작하는데 여미재에서 능선 길을 따라 남망산 쥐바위에 도착하면 사방으로 펼쳐진 다도해 풍경이 시선을 사로잡는다. 바다 너머로 진도 본섬과 작은 무인도들이 한 폭의 그림처럼 펼쳐져 있다. 병풍바위 방향으로 능선을 따라 걸으면 푸른 바다와 울창한 숲이 나타나는데 산길에서 만나는 나무에는 갖가지 재미있는 이름이 붙어 있다. 12개 가지를 가진 '구실잣밤나무'는 12간지를 본떠 '12간지목'이라 했고, 세 개의 줄기가 기세 좋게 뻗어있는 '기 받는 굴참나무'도 있다. 병풍바위 아래쪽으로 동백숲이 군락을 이뤘는데 진녹색 동백나무숲이 갈색빛 나무들과 대비를 이룬다. 접도에는 상록 활엽수림과 낙엽수림이 다정하게 숲을 이루고 있어서 난대림과 희귀한 식물들이 해안 절경과 어울려 멋진 풍경을 선사한다. 이어서 선달봉과 솔섬바위를 거쳐 해변으로 내려가면 후박나무 숲에 감싸인 여미해변의 부드러운 모래사장과 몽돌 구르는 소리가 일품이다.

<접도 웰빙등산로 코스 (9km)>

여미주차장→여미재→쥐바위→병풍계곡→병풍바위→선달봉삼거리→솔섬바위→작은여미해변→말똥바위→여미사거리→여미해변→여미주차장

Q 접도의 볼거리는?

<접도 웰빙등산로>를 모두 걷기 힘들다면 남망산 산행만 즐겨도 좋다. 남망산의 장점은 다양한 등산코스가 있다는 것이다. 수품항에서 출발하는 1코스와 여미주차장에서 출발하는 2코스가 있고, 산중턱까지 차량으로 이동한다면 쥐바위로 곧장 올라가는 방법도 있다. 어느 구간이든 길이 서로 연결돼 있어서 체력에 맞게 적당한 지점에서 빠져나올 수 있다.

오랜 세월 섬이었던 진도는 제주도와 더불어 최적의 유배지였다. 진도에 속한 접도도 조선시대 유배인들의 귀양지로 섬 속의 섬이었다. 김후재, 신정조 등 수많은 유배인이 접도로 유배의 길을 왔는데 그 중 김약행은 이 섬에서 1788년 '적소일기'라는 한글 유배일기를 남기기도 했다. 접도대교를 건너 수품리 방면으로 가다보면 오른쪽에 유배인들이 생활했던 원다리가 나오는데 마을 한편에 '유배지 공원'이 조성돼 있다. 한때 한 시대를 풍미하던 이들이 머물다 갔던 접도의 역사와 문화를 돌아볼 수 있는 곳이다.

살랑살랑 부는
가을바람
구월

완도	#77번국도 #BTS길 #수목원 #삼치
신안	#증도 #슬로시티 #금연섬 #우전해수욕장
	#병풍도 #맨드라미 #12사도길
함평	#꽃무릇공원 #모악산 #용천사
영광	#불갑산 #불갑사 #상사화

남도 여행계 BTS! 완도 77번 국도 여행

가는 세월을 붙잡을 수 없고 오는 계절을 막을 수 없다더니 9월이 되자마자 바람이 퍽 차갑다. 점점 덥고 길어지는 여름 때문인지 갈수록 가을 소식이 반갑다. 살랑살랑 부는 가을 바람에 몸을 싣고 알록달록 물들어가는 남도를 여행하기에 좋은 계절이다. 이럴 때 집에만 있으면 괜히 억울하다. 시시각각 변하는 가을 풍경을 한 눈에 담고 싶다면 드라이브 여행이 제격이다. 나들이 준비를 하고 자동차에 시동을 걸었다면 이제 달릴 길을 선택하면 된다. 어떤 길이든 여행의 즐거움을 만끽할 수 있지만 마음먹은 김에 최근 뜨고 있는 슈퍼스타 길로 떠나보자. 그 길은 국도 77호선에 있다. 경기도 파주에서 시작한 국도 77호선은 서해안을 따라 영광과 완도를 거쳐 부산까지 이어지는 일반 국도다. 남도 여행을 하다 보면 국도 77호선을 자주 만나게 되는데 영광, 완도, 여수, 고흥이 주요 거점이다. 이 중 완도 해변 구간이 일명 'BTS길'로 사랑받고 있다.

Q 왜 'BTS'길로 불리나요?

'BTS길'은 전 세계 아미ARMY들이 사랑하는 글로벌스타 방탄소년단과 관련이, 없다. 물론 언젠가 BTS 멤버들이 이 길을 따라 드라이브를 즐길 가능성이 있고, 개인적으로도 꼭 그랬으면 좋겠지만 BTS 때문에 길 이름이 지어진 것은 아니다. 'BTS길'은 'Blue-Tour-Start'의 약자로 푸른 바다 여행을 즐길 수 있는 완도의 길이라는 뜻이다. 완도대교부터 완도군청까지 이어지는 약 23㎞의 완도 서부도로인데 특히 해안 드라이브 코스로 인기가 높은 곳이다. 주변에 문화관광 자원이 많고 차량통행량이 적어서 안전하고 편안하게 드라이브를 즐길 수 있다.

Q BTS길의 볼거리는?

'BTS길'을 달리다 보면 완도가 자랑하는 여행 명소들이 줄지어 기다리고 있다. 국도 77호선이 탁 트인 완도 바다를 처음 만나는 곳에 자리한 <완도수목원>도 그 중 하나다. 국내 유일의 난대 상록활엽수림이 우거져 있는데 단일지역으로는 가장 넓은 면적에 가장 많은 난대수종이 모여 있는 곳이다. 수목원에서 만날 수 있는 나무로는 붉은가시나무, 구실잣밤나무, 황칠나무, 생달나무 등 770여 종에 이른다. 또한 자연이 만들어낸 원시생태계가 온전히 보존돼 있어서 국내외 생태학자를 비롯해 수많은 여행자들의 발길이 이어지고 있다. <완도수목원>을 나와 드라마 촬영지로 인기 있는 <청해포구 촬영지>와 <완도어촌민속전시관>을 지나면, 완도 바다의 진수를 느낄 수 있는 <정도리 구계등>에 다다른다. 남해바다의 거친 파도에 닳아 표면이 둥글둥글해진 몽돌이 아홉 개의 등을 이룬 것 같다고 해서 '구계등(九階燈)'으로 불리는 곳이다.

국가명승 제3호로 지정된 구계등은 '촤르르' 물소리에 '또르르' 돌 구르는 소리가 어우러져 아름다운 하모니를 이룬다. 몽돌의 크기와 파도의 강약에 따라 소리가 달라지는데 특히 파도에 쓸려 내려갈 때 돌과 물이 빚어내는 소리는 황홀하기까지 하다. 해변이긴 하지만 생각보다 수심이 깊어 해수욕은 할 수 없는 대신 가만히 앉아 힐링하기에 더없이 좋다.

Q BTS길이 자랑하는 맛은?

남도지역이 대부분 그렇듯 완도의 음식점은 이름난 식당이 아니어도 기본은 한다. 그런 만큼 맛 집을 찾기보단 무얼 먹을까를 결정하는 게 우선이다. 완도 사람들이 특별히 자랑하는 게 삼치회다. 가을철이면 "삼치 먹었어?"가 인사일 정도이다. 대도시로 나가는 삼치는 대부분 고등어만큼 작아서 구이로 먹지만 완도 산지에서는 8~10㎏이나 나가는 큰 삼치를 골라 바로 회로 먹을 수 있다. 삼치는 덩치가 커서 다른 생선에 비해 살이 무르지만 한두 점 먹다 보면 고소함이 느껴진다. 특히 완도 바다에서 자란 향긋한 김에 두툼한 삼치살과 묵은지를 얹어 먹는 삼치삼합은 홍어삼합 못지않게 입맛을 당긴다. 완도 지역 식당에서는 해조류가 기본반찬이다. 밑반찬만으로도 비빔밥이 가능한데 미역줄기, 꼬시래기, 톳, 한천, 전복 장, 다시마 등을 넣고 쓱싹 비벼내면 금세 맛난 해조류 비빔밥이 완성된다. 구수한 된장을 풀어 끓여낸 해초된장국은 '영혼을 위한 닭고기 수프' 못지않다.

슬로시티에서 만난 '푸른 하늘의 날'

가을이 오는 것은 하늘 빛깔로 알 수 있다. 손톱으로 꾹 누르면 푸른 물이 배어나올 것처럼 푸른 하늘은 가을의 대표 얼굴이다. 아무리 계절의 변화에 무덤덤한 사람도 쪽빛 하늘이 전하는 가을 소식에는 늘 걸음을 멈추게 된다. 대기 오염 탓인지 갈수록 푸른 하늘 보기가 어려워지는 것은 전 세계적인 현상이다. 그래서일까. 유엔에서는 9월 7일을 '푸른 하늘의 날'로 지정하고 하늘의 중요성을 알리고 있다. 특별한 것은 '푸른 하늘의 날'을 우리나라가 처음 제안했다는 것이다. '푸른 하늘의 날'을 맞아 세상에서 가장 아름답고 푸른 하늘을 찾아 신안 증도로 떠나보자.

Q 증도가 궁금해요?

신안의 1004섬 가운데 하나인 증도는 뱃길 대신 증도대교로 이어진 섬이다. 어디서나 푸른 하늘을 볼 수 있는 증도는 수많은 수식어가 따라 다닌다. 아시아 최초의 슬로시티이자 유네스코가 지정한 생물권 보존지역이면서 최근에는 휴식과 치유가 가능한 '웰니스 관광지'로 선정됐다.

도시의 번잡함과 소음에서 훌쩍 벗어나 한 템포 느린 시간을 보내고 싶다면 증도만한 곳이 없다. 섬의 마스코트가 달팽이일 정도로 느리게 사는 삶을 몸소 체험할 수 있는 곳이다. 증도가 남도에서 가장 푸른 하늘을 갖게 된 데는 주민들의 노력이 컸다. 3무·3유의 섬으로 불리는 증도는 담배가게, 경유차, 공해가 없는 대신 새하얀 소금과 아름다운 낙조, 그리고 별 밤이 있다. 아시아 최초의 슬로시티로 지정된 이후에 금연 섬을 선포하면서 섬 안에서 담배가게가 사라졌고 공해를 없애자는 취지로 시속 20~30㎞의 전기자동차와 자전거를 이용한다. 여기에 아름다운 낙조와 별 밤은 증도를 슬로시티로 만들어 준 주인공이다. 특히 증도의 별밤은 한 낮의 푸른 하늘만큼이나 아름답다. 섬 안의 불빛이 거의 없고 밤공기가 맑아서 쏟아질 듯이 많은 별들을 아주 가깝게 보고 느낄 수 있다.

Q 증도에서 걷기에 좋은 길은?

예부터 천일염 생산지로 유명한 증도는 광활하게 펼쳐진 소금밭을 중심으로 천천히 걸을 수 있는 길이 많다. 특히 썰물 때만 드러나는 갯길을 따라 증도 옆 섬인 화도까지 이어진 노둣길 산책은 특별한 가을 추억을 선사한다.

이국적인 풍경을 자랑하는 우전해수욕장 옆으로는 '한반도 해송 숲'이 우거져 있는데 푸른 하늘과 바다, 그리고 숲의 매력을 동시에 느끼면서 삼림욕을 즐길 수 있다. 숲속 산책로는 총 10km에 이르며 50~60년생 소나무 10만여 그루가 울창한 숲을 이루고 있다.

증도의 색다른 매력을 확실히 느끼고 싶다면 '짱뚱어다리'를 건너보자. 국내 최초로 갯벌 위에 세운 탐사용 다리로 증도의 명물이다. 밀물 때는 바다 위에 놓인 다리 위에서 푸른 바다를 원 없이 바라볼 수 있고 물이 빠지면 짱뚱어, 칠게, 농게, 맛조개 등 갯벌 생태를 가까이에서 관찰할 수 있다. 무엇보다 '짱뚱어다리'에서 바라보는 해넘이 광경은 할 말을 잊게 만들 정도로 멋지다.

Q 증도의 즐길 거리는?

증도의 푸른 가을 하늘을 충분히 즐겼다면 특별한 체험을 해 보자. 소금박물관 옆에 자리한 〈소금동굴힐링센터〉에서는 증도에서 생산한 최상급 천일염을 이용해 다양한 테라피 체험을 즐길 수 있다. 증도 천일염으로 만든 인공 동굴에서 찜질을 하거나 일명 사해 체험으로 불리는 미네랄 부양욕이 가능하다. 특히 미네랄 부양욕 테라피는 소금물에 둥둥 떠서 부양욕을 하는 동안에 몸의 긴장이 풀리면서 완벽한 휴식을 취할 수 있다. 〈소금동굴힐링센터〉를 제대로 즐기는 방법은 먼저 미네랄 부양욕 테라피를 30분 정도 하고 소금동굴방에서 40분 정도 찜질한 후에 그냥 물로만 간단하게 샤워하고 나오는 게 가장 좋다. 따뜻하게 데운 천일염이 몸 안의 노폐물과 독소를 배출하고 혈액순환을 원활하게 도와주면서 환절기 건강관리에도 그만이다.

Q 증도가 자랑하는 맛은?

증도는 친환경 갯벌을 품은 데다 섬과 바위가 많아서 예로부터 남서해안의 황금어장으로 꼽히는 곳이다. 싱싱한 병어를 회와 찜으로 맛볼 수 있고 낙지와 짱뚱어를 비롯한 각종 어패류가 밥상에 오른다. 특히 바다 보양식의 으뜸으로 손꼽히는 민어는 파시가 열릴 정도로 증도를 대표하는 생선이다. 증도에서는 민어 주산지답게 다양한 민어 요리를 맛볼 수 있는데 껍질부터 부레까지 모두 훌륭한 식재료가 된다.

특히 가을에는 민어를 뭉텅뭉텅 큼직하게 썰어서 회로 즐겨도 좋고 쌀뜨물에 미나리와 청양고추를 넣어서 얼큰하게 끓인 민어맑은탕도 일품이다. 땀을 뻘뻘 흘리면서 민어탕 한 그릇을 비우면 머릿속까지 개운하게 씻겨지는 기분이 든다. 여기에 해풍으로 꾸덕하게 말린 민어 위에 갖은 양념을 얹어서 굽는 민어건정은 잊을 수 없는 증도의 맛을 선사한다.

9월 둘째 주 슈룹시티에서 만난 '푸른 하늘의 날'

제철 맞은 가을꽃, 함평·영광 꽃무릇

세상만사 모든 일이 지금이 아니면 안 되는 일이 있다. 과일도 제철에 먹어야 맛난 것처럼 여행도 제철 여행이 있는데 9월 중순에 제철 맞은 가을 꽃밭이 있다. 국화가 늦가을을 대표하는 꽃이라면 9월의 가을꽃은 꽃무릇이다. 이름부터 고운 꽃무릇은 하늘거리는 선홍빛 꽃잎이 화사한 자태를 뽐낸다. 꽃이 시든 후에 잎이 피어나고 잎이 시든 후에 꽃이 피기 때문에 "꽃과 잎이 서로 만나지 못한다" 하여 상사화(相思化)라는 애틋한 이름으로 불리기도 하는데 사실 꽃무릇과 상사화가 다른 꽃이다. 상사화는 주로 지리산에서 자생하는 분홍빛 꽃으로 무더위가 기승인 7~8월에 꽃망울을 터트리지만, 꽃무릇은 추석 무렵에 피는 가을꽃으로 진한 붉은 빛이 특징이다. 제철 맞은 꽃무릇이 피어난 곳은 불갑산을 사이에 둔 함평과 영광이다.

Q 함평 꽃무릇 꽃밭이 있는 곳은?

호남가의 첫 대목에 등장하는 함평천지처럼 함평의 가을은 두루 화평하고 모든 것이 부족함이 없다. 특히 해보면 용천사가 자리한 모악산은 사방이 온통 꽃무릇 천지를 이룬다. 함평 모악산이 품은 꽃무릇공원은 국내 최대의 꽃무릇 자생 군락지로 꽃이 필 때면 산 전체가 마치 다홍색치마를 두른 듯 황홀한 장관이 펼쳐진다.

함평 꽃무릇공원은 우리나라 100경 중 48경에 선정될 만큼 유명한 가을 꽃밭이다. 9월부터 두 달 동안 꽃이 피고 지는데 가장 화려한 시기는 9월 중순경으로 이 시기에 꽃무릇축제가 열린다. 원래 작은 사찰이었던 용천사는 꽃무릇이 전국적으로 유명해지면서 전국구 스타가 됐다. 용천사 입구부터 시작된 꽃길은 모악산 등산로를 중심으로 화양연화를 이루는데 용천사 건물 뒤쪽부터 야생차밭과 대숲으로 이어진 길이 가장 아름답다. 울창하게 우거진 푸른 숲길에서 만난 꽃무릇은 천상의 화원처럼 신비한 매력을 더해준다.

Q 영광 꽃무릇 꽃밭이 있는 곳은?

함평 모악산과 영광 불갑산은 서로 어깨를 맞대고 있는 이웃 산이다. 하루 이틀 정도 차이는 있지만 꽃무릇이 피는 시기가 비슷하다. 함평 모악산에서 시작된 꽃무릇의 물결은 산 능선을 타고 영광 불갑산으로 이어지다 불갑사를 만나 멋진 꽃밭을 펼쳐놓는다. 영광군 불갑면에 위치한 불갑사는 백제 침류왕 때 인도 승려 마라난타가 법성포에 들어와 처음으로 세운 절이다. 9월이면 이 천년고찰도 곱디 고운 꽃무릇으로 뒤덮인다. 불갑사 주차장부터 얼굴을 내밀기 시작한 꽃무릇은 일주문을 지나 사찰 마당가에도 지천으로 핀다.

함평 용천사에서 꽃무릇축제가 열릴 때 영광 불갑사에서도 꽃무릇축제가 열린다. 용천사 꽃무릇이 울창한 숲속에 자리를 잡았다면 불갑사 꽃무릇은 가을 햇살 아래 화사한 얼굴을 드러내고 있어서 꽃무릇 철이면 출사 나온 사진작가들로 북적인다. 꽃무릇을 배경으로 인생사진을 남기고 싶다면 영광 불갑사를 찾는 것이 좋다. 꽃무릇을 따라 가을산행에 나서 보는 것도 좋다. 함평 용천사에서 영광 불갑사까지 이어지는 4㎞ 남짓의 산길은 보이는 그대로 꽃길이다. 하나의 능선으로 이어진 모악산과 불갑산을 편하게 둘러볼 수 있는 둘레길로 꽃길 따라 이어진 산 속 오솔길을 걷는 즐거움이 특별하다.

Q 사찰 주변에 꽃무릇 꽃밭이 많은 이유는?

속세 사람들은 상사화라는 별칭에 빗대어 스님과의 이루어질 수 없는 사랑 때문에 목숨을 잃은 여인이 꽃무릇으로 다시 태어났다는 이야기를 하고는 한다. 가을바람에 흔들리는 여린 꽃무릇을 보면 전설이 사실처럼 느껴지기도 하지만 좀 더 객관적인 이유는 꽃무릇의 효용 가치 때문이다. 꽃무릇은 뿌리에 리코린이라는 마비독이 있다. 이런 위험한 식물을 왜 사찰 주변에 많이 심었을까, 거기에는 다 이유가 있다. 뿌리의 독을 섭취하면 위험하지만 당시에는 꼭 필요한 약재였다. 오래 전부터 사찰의 단청이나 건물 목재에 색을 입히거나 그림을 그릴 때 사용했는데 물감에 꽃무릇 진액을 넣어서 사용하면 방부제 역할을 하는 동시에 들쥐나 해충들의 피해까지 막을 수 있었다고 한다.

가을 맨드라미 피는 섬, 병풍도

복잡한 도시를 벗어나 호젓한 여행을 즐기고 싶다면 섬만큼 좋은 곳이 없다. 팬데믹 이후에 여행 트랜드가 바뀌면서 천사섬을 품은 신안의 인기가 점점 높아지고 있다. 무려 1004개나 되는 섬들이 각각의 매력을 뽐내며 남도여행의 핫플레이스로 떠오르고 있다. 신안 섬들이 주목받기 시작한 데는 꽃과 컬러 마케팅이 한 몫을 했다. 푸른 하늘과 쪽빛 바다, 여기에 아름다운 꽃길까지 있으니 더 이상 바랄 게 없다. 신안에서 9월 끝자락에 가장 아름다운 섬은 맨드라미가 피는 병풍도다.

Q 병풍도가 궁금해요?

해안 절벽이 병풍처럼 둘러싸여 있다고 해서 이름 붙여진 병풍도는 원래 신안 증도에 딸린 부속 섬으로 목포에서 서북쪽으로 26㎞ 떨어진 바다에 있다. 아직 연륙·연도교가 연결되지 않아서 배를 타고 가야 한다. 증도 선착장에서 뱃길로 10분 정도 걸리고 목포항과 압해도 송공선착장에서는 3~40분 정도 소요된다. 신안 지도면 송도선착장과 무안 운남면 신월선착장에서도 여객선이 출발한다. 신안군은 연륙·연도교 사업을 진행하면서 섬 관광 프로젝트를 추진하고 있다. 이른바 <1섬 1플라워>를 목표로 섬마을마다 대표 꽃동산을 조성했는데 봄철 압해도 애기동백을 시작으로 임자도의 튤립, 선도의 수선화, 도초도의 수국에 이어 병풍도 맨드라미가 가을 꽃섬을 대표하고 있다. 맨드라미 꽃밭은 섬마을 사람들의 정성과 노력으로 만들어졌다. 황무지나 다름없는 마을 언덕의 돌을 고르고 흙을 채워서 맨드라미를 심었다. 해마다 꽃밭을 늘려 지금은 40여 종이 넘는 맨드라미가 2백만 송이 넘게 피어 가을마다 꽃잔치가 벌어진다. 맨드라미 색깔만 해도 16가지가 넘어 가을이면 섬 전체가 알록달록 고운 빛으로 물이 든다.

맨드라미는 보기에는 말랑말랑해 보이지만 만져보면 단단한 꽃이다. '시들지 않은 열정'이라는 꽃말처럼 꽃이 강하고 튼튼해서 10월까지 여유롭게 맨드라미를 구경할 수 있다. 병풍도 맨드라미 꽃밭은 닭 볏 모양부터 촛불 모양, 여우 꼬리 모양 등 특별한 품종들이 많아서 하나하나 자세히 살펴보는 재미가 쏠쏠하다.

Q 맨드라미 꽃섬, 병풍도의 매력은?

병풍도는 3백여 명의 주민들이 오순도순 정답게 모여 사는 작은 섬마을이다. 한나절이면 섬을 한 바퀴 둘러볼 수 있을 정도로 작다. 병풍도 보기 선착장에서 마을 중심에 있는 맨드라미 동산까지 약 4km의 꽃길을 따라 섬 곳곳에서 맨드라미를 만날 수 있는데 꽃길 대부분이 완만한 경사길이다. 병풍도를 상징하는 꽃이 맨드라미라면 색은 붉은색이다. 선착장에 내려서 구불구불 이어진 고샅길에 들어서면 온통 빨간색 지붕인 마을이 나타난다. 붉은 맨드라미가 피어난 것처럼 마을 풍경이 이국적인 매력을 뽐낸다.

Q 병풍도에서 더 둘러볼 곳은?

썰물 때에 맞춰 병풍도에 도착했다면 노둣길을 걸어보는 것은 어떨까. 바다에 잠겨있던 길이 썰물과 함께 드러나면서 병풍도와 주변 섬들을 이어준다. 병풍도의 가장 큰 특징은 보기도와 신추도가 방조제로 연결되어 하나의 섬이 되었을 뿐만 아니라 썰물 때에는 대기점도·소기점도·소악도와 노둣길로 연결된다는 점이다. 노둣길은 바닷물이 빠질 때 건널 수 있는 징검다리 길을 말하는데 차들이 마음대로 드나들 수 있을 정도로 넓다. 병풍도에서 시작된 바닷 속 징검다리 길은 총 길이가 1,739m로 우리나라에서 가장 긴 노둣길이다.

병풍도 노둣길은 백 년을 이어 온 바닷길로 섬 주민들의 중요한 이동 통로였다. 섬 마을 주민들이 썰물 때마다 드러나는 갯벌 위로 큰 호박만한 돌들을 날라다가 징검다리 길을 만들었다고 한다. 옛날에는 병풍도 사람들이 대기점도와 소기점도로 땔감을 하러 다니기도 하고 시집가는 새색시의 꽃가마도 노둣길을 지나다녀야 했다. 바닷길 징검다리는 차츰차츰 그 높이를 더하다가 마침내 시멘트 포장길이 되었는데 그렇다고 완전히 둑으로 막아 바닷물의 교류를 차단한 것이 아니라 물이 들어오면 자연스럽게 잠기고 물이 빠지면 일시적으로 드러나는 자연친화적인 노둣길이 만들어졌다.

최근 이 노둣길이 <12사도 길>로 새롭게 태어나면서 전국 도보 여행의 성지로 주목받고 있다. 섬마을 주민들의 90%이상이 기독교인 특성을 살려 노둣길을 따라 12사도 예배당을 만들었는데 각 예배당마다 독특한 매력으로 여행자들을 반긴다. 먼 옛날 순례자들이 걸었던 스페인 산티아고길처럼 소박한 노둣길을 따라 작은 섬들을 여행하다보면 마음까지 편안해지는 기분을 느낄 수 있다.

9월 넷째 주 가을 매드라이 피는 섬 뱀롯도

계절이 바뀐 줄도 모른 채 시월

신안	#요트투어 #천사대교 #왕새우
완도	#생일도 #백운산둘레길 #전망대
함평	#주포마을 #핑크뮬리 #해수찜
남도	#차박여행 #명사십리 #오토캠핑

천사대교 요트투어

계절이 바뀐 줄도 모른 채 바쁘게 살다가 문득 훌쩍 떠나고 싶을 때가 있다. 가을바람에 괜스레 마음이 흩날린다면 신안 바다로 떠나보자. 흰 돛과 바람만 있다면 어디든지 갈 수 있는 여행이 그곳에서 기다리고 있다. 2019년 4월의 봄날, 신안 압해도 송공리와 암태도 신석리를 잇는 다리가 개통했다. 천사섬 신안을 대표하는 천사대교다. 우리나라에서 건설된 연도교 가운데 영종대교, 인천대교, 서해대교에 이어 네 번째로 긴 해상 교량이다. 시원하게 뻗은 천사대교를 타고 바다 위를 나르듯이 달려 암태도에 도착하면 오도선착장 옆으로 하얀 돛이 멋들어지게 펼쳐진 요트가 시선을 사로잡는다. 신안군이 천사대교 개통에 맞춰 출시한 세일요트투어를 즐길 수 있는 곳으로 요트 위에서 낭만적인 바다여행을 만끽할 수 있다.

Q 요트투어 코스가 궁금해요?

천사대교는 신안 중부권의 다섯 개 섬을 연결하는 시작점이다. 압해도를 출발해서 자은도와 암태도, 팔금도와 안좌도가 연륙·연도교로 이어졌다. 섬과 섬이 길로 연결되면서 섬 여행이 수월해졌고 섬을 찾는 발길도 부쩍 늘었다. 특히 아름다운 다도해를 가르며 신안 바다의 매력을 느낄 수 있는 요트투어가 요즘 인기 만점이다. 신안군은 지방자치단체로는 처음으로 세일요트 여행상품을 출시해 관심을 끌었다. 돛에 한가득 바람을 안고 바다를 미끄러져 달리는 요트투어는 평소에 경험하지 못한 여행이다 보니 휴가철에는 연일 매진될 정도로 인기가 높다. 세일요트투어를 하는 요트는 크루즈급으로 180마력 엔진 2기가 장착돼 있어서 최고 10노트(시속 18㎞)로 운항할 수 있다.

암태도 오도선착장에서 출발한 요트는 일반투어와 낙조투어 코스로 운항한다. 계절별로 시간 변동이 있지만 통상 첫 탑승은 오전 10시부터 시작한다. 일반투어는 1시간 코스로 낮 동안에 세 차례 운항하고 낙조투어는 오후 5시부터 6시 사이에 출항해 1시간 30분 동안 바다에 머문다. 최근 야간 투어도 가능해져서 마지막 요트투어는 밤 8시에 출항한다. 요트는 천사대교를 지나 인근 초란도와 당사도까지 갔다가 돌아보는 코스로 운영된다. 무엇보다 요트 위에서 빨간 해가 바다로 떨어지는 모습을 지켜보는 낙조투어는 진짜 영화의 주인공이 된 것처럼 가슴 뛰는 추억을 선사한다.

투어 상품으로 인기 있는 '요트스테이'는 요트에서 1박2일 동안 머물며 해상 관광과 선상낚시를 하고 선내 침실에서 숙박하는 프로그램이다. 요트투어와 숙박을 동시에 즐길 수 있는데 먼저 1시간 동안 바다 항해를 마친 후 계류장에 선박을 정박한 상태로 하룻밤을 보낸다. 55ft급 요트는 먼 바다 항해가 가능한 선실과 엔진을 갖추고 있어서 최대 47명이 승선할 수 있다. 중앙 홀에서 노래를 부르거나 영화를 감상할 수 있고 지하 선실에는 침실, 샤워실, 주방을 완비하고 있다.

Q 천사대교 주변의 볼거리는?

천사섬으로 불리는 신안은 실제로 유인도 72개와 무인도 953개를 포함해 모두 1025개의 섬들이 있다. 쪽빛 바다에 섬들이 보석처럼 흩뿌려져 있는 '섬들의 고향'이다. 요트 선착장이 있는 암태도는 동백꽃 부부 벽화로 유명한 포토존을 시작으로 썰물 때만 드러나는 노둣길을 따라서 자전거나 산책 투어를 할 수 있다. 암태도에서 연도교로 이어진 팔금도는 다도해를 한 눈에 조망할 수 있는 '선학산 채일봉 전망대'와 '서근 등대'가 여행자들의 발길을 이끈다. 팔금도에서 다리 하나만 더 건너면 퍼플섬으로 유명해진 안좌도가 있다. 퍼플섬답게 마을 입구부터 담장이며 지붕까지 온통 보라색이다. 부속섬인 반월과 박지도를 연결하는 보라색 나무다리 '퍼플교'는 안좌도의 명물이 됐는데 다리 위에서 보는 일몰이 환상적이다.

Q 천사대교 섬들이 자랑하는 맛은?
암태도와 안좌도 사이에 자리한 팔금도는 왕새우가 특산품이다. 추석 무렵에 살이 오르는 팔금 새우는 살집이 탄탄하고 달큰해서 최고의 식재료로 손꼽히는데 찜이나 구이로 즐기면 좋다. 특히 천사대교 개통으로 문을 닫은 팔금 여객선 터미널에 이탈리아 레스토랑이 새롭게 문을 열었는데 팔금도 새우로 만든 파스타, 리조또, 감바스까지 다양한 새우 요리를 맛볼 수 있다. 섬에서 나오는 길에 압해도에 들러 무화과까지 먹는다면 완벽한 가을 여행이 될 것이다. 신안군에서 운영하는 '신안 스마트투어' 모바일 어플을 이용하면 여객선 운행시간과 날씨 같은 다양한 섬 여행정보를 얻을 수 있다.

빙그레 웃는 섬, 완도 생일도

이름 때문일까. 완도를 생각하면 절로 웃음이 난다. 빙그레 웃는 '완'(莞)이라는 뜻의 완도는 이름 그대로 '빙그레 웃는 섬'이다. 사면이 청정 해역으로 둘러싸인 천혜의 자연 환경과 여유로움이 느껴지는 해양 도시로 볼거리·먹을거리 넘치는 멋진 여행지다. 만약 10월에 생일을 맞았다면 완도에서 꼭 가봐야 할 섬이 있다. 바로 생일도다.

Q 생일도가 궁금해요?

섬의 이름인 생일도는 '해피버스데이', 한자 그대로 '생일(生日)'을 뜻한다. 전해지는 말에 따르면 섬마을 분들의 마음씀씀이가 갓 태어난 아이처럼 순수하다고 해서 붙여진 이름이라는데 그만큼 대대로 인심 좋은 섬으로 소문이 자자하다. 생일도답게 배에서 내리자마자 커다란 생일 케이크가 눈에 들어온다. 완도특산품인 해산물과 과일 조형물로 장식된 6m짜리 대형 조형물인데 섬을 대표하는 포토존이다. 2016년 '가고 싶은 섬'으로 선정되면서 차차 알려지기 시작한 생일도는 바다와 숲을 동시에 즐길 수 있는 여행지로 가을에 더 아름답다.

Q 생일도로 가는 길은?

생일도에 가기 위해서는 여객선을 이용해야 한다. 완도여객선터미널이 있는 완도항에서 생일도 서성항까지 배편이 마련돼 있는데 아는 사람들은 완도항보다 약산도에 있는 당목항을 더 많이 이용한다. 약산도 당목항은 완도읍에서 33㎞ 떨어진 곳에 있는데 생일도 서성항까지 배를 타는 시간이 약 1시간으로 완도항에서 갈 때보다 25분 정도 덜 걸린다. 당목항에서 출발하는 여객선은 오전 6시 30분 무렵부터 첫 운항을 시작해서 하루에 8편 운행된다. 선박 요금까지 저렴해서 대다수의 여행자들이 완도항보다 당목항을 더 선호한다.

Q 생일도에서 둘러 볼 곳은?

생일도 여행은 크게 두 가지 방법이 있다. 하나는 섬 중앙에 우뚝 솟은 백운산 둘레길을 걷는 트래킹과 다른 하나는 해안가 도로를 달리는 드라이브 여행이다. 생일도행 선박은 철부선으로 자동차를 싣고 갈 수 있지만 굳이 섬 안에서 차가 필요하지는 않다. 배 시간에 맞춰서 마을버스가 하루에 6번씩 섬 해안길을 따라 운행하고 있어서 뚜벅이 여행자들에게 인기가 많다.

>가을 여행지로 생일도가 각광받는 이유는 백운산 때문이다. 백운산에 오르기 위해서 생일도를 찾는 분들이 많다. 생일도를 대표하는 백운산은 해발 483m의 산으로 사철 푸른 숲을 자랑한다. 산세의 아름다움에 취해 구름도 머문다는 백운산답게 상서로운 학이 머문다는 학서암과 일출공원, 그리고 다도해를 한 눈에 담을 수 있는 정상 전망대까지 둘러볼 곳이 많다.

백운산 둘레길이 이어진 숲길 끝에는 해안가 동백숲과 갯돌해변이 기다리고 있다. 백운산 서쪽에 위치한 금곡해수욕장은 폭 100m, 길이 1.2㎞의 백사장이 펼쳐져 있어서 이국적인 풍경을 자아내는데 주변으로 후박나무와 잣밤·동백나무 같은 상록수림이 우거져 있어서 운이 좋다면 야생염소들이 바닷가를 노니는 진풍경을 볼 수 있다. 쪽빛바다와 은빛모래가 펼쳐진 해변이 있고 파도가 거칠지 않아서 가족단위 여행객들에게 안성맞춤인데 많이 알려진 곳이 아니라서 해수욕장 주변 상가가 많지 않다. 금곡해수욕장에서 잠시 머물 생각이라면 바닥깔개, 그늘막, 텐트, 먹을거리 등을 챙겨가는 게 좋다. 섬의 남쪽에 자리한 용출리 갯돌 해변은 바닷물이 맑고 수변 풍광이 아름답다. 발길 닿는 곳마다 자연 그대로의 매력을 느낄 수 있는 생일도는 일상생활의 스트레스까지 털어버릴 수 있는 힐링의 공간이다.

Q 1박 2일 여행지로 좋은가요?

생일도를 제대로 여행하기 위해서는 1박 2일 일정으로 둘러보는 게 좋다. 섬마을 주민들이 운영하는 민박과 펜션 시설이 잘 갖춰져 있고 최근 인기를 끌고 있는 차박 캠핑을 위한 장소도 마련돼 있다. 특히 금곡해수욕장 인근에 호텔급 대형 리조트 시설이 문을 열면서 편안하고 안락한 섬 여행을 즐길 수 있게 됐다.

> 생일도에서 꼭 한번 해봐야 하는 일은 일명 '멍 때리기'다. 생일도 해안에는 넓적한 갯바위들이 많이 있는데 그냥 아무 생각 없이 쉬고 싶을 때 마음에 드는 갯바위에 자리를 잡아 보자. 파도소리를 배경 삼아 '멍 때리기'를 해 보면 어느새 마음이 편안해지는 것을 경험할 수 있다.

핑크빛 가을이 물드는 곳, 함평 주포마을

알록달록 가을빛이 거리 풍경을 달라지게 하는 계절이다. 마냥 노랗고 붉기만 하던 가을 길목에 언제부터인가 핑크빛 물결이 시선을 사로잡고 있다. 가을의 새로운 대명사가 된 주인공은 바로 핑크뮬리다. 분홍빛 꽃을 피워서 핑크뮬리라는 이름으로 불리는 여러해살이 풀로 미국에서 건너 온 외래종이다. 가을 단풍철에 혜성처럼 등장한 핑크뮬리가 단박에 인생사진 명소로 인기를 끌면서 전국 주요 여행지마다 앞 다퉈 핑크뮬리 꽃밭을 조성했는데 그 중 최고는 함평 주포마을에서 만날 수 있다.

Q 핑크뮬리 꽃밭이 궁금해요?

함평 주포마을은 동함평IC를 통과해서 돌머리 해변 가는 길로 30분쯤 더 달려야 도착할 수 있다. 함평의 겨울 특산품인 석화(굴)의 주산지이자 해수찜으로 잘 알려진 함평의 대표 여행지다. 주포마을 입구에 자리한 고즈넉한 한옥촌과 잘 보전된 갯벌, 여기에 함평만을 물들이는 낙조까지 볼거리가 풍부하다.

주포 한옥마을은 마을 주민들의 집과 한옥 숙박시설이 함께 어우러져 있는데 주말이면 한옥 민박을 체험하려는 여행자들로 빈방을 찾기가 어려울 정도다. 한옥마을 뒤편에 자리한 핑크뮬리 꽃밭은 함평만 갯벌과 맞닿아있는 언덕에 조성돼 있다. 원래 노을정원이라는 이름으로 억새밭을 조성했는데 핑크뮬리가 인기를 끌면서 핑크뮬리와 국화까지 더 심어서 가을 꽃밭을 만들었다. 바다 일몰 시간에 맞춰 도착하면 아름다운 낙조를 배경으로 핑크빛과 은빛이 어우러진 가을 꽃밭에서 인생사진을 찍을 수 있다.

Q 한옥 민박은 어떤가요?

한옥에서 하룻밤은 기대 이상이다. 은은한 나무 향에 귀뚜라미 소리를 자장가 삼아 가을밤의 낭만까지 만끽할 수 있다. 고즈넉한 한옥의 매력을 그대로 살리면서 냉·난방과 화장실 등의 편의시설이 깔끔하게 마련돼 있어서 안락하게 하룻밤을 보낼 수 있다. 만약 불면증으로 고생하고 있다면 강력추천이다. 따뜻한 아랫목에 누워서 창문 너머로 들려오는 귀뚜라미 소리에 귀를 기울이면 어느새 꿈나라 도착이다.

주포마을에서는 캠핑도 가능하다. 마을 다목적센터 앞마당에 마련된 오토캠핑장은 문을 연지 오래되지 않아서 예약경쟁이 심하지 않고 시설들이 깨끗하다. 텐트를 칠 수 있는 나무 데크가 18개 있고 화장실, 취사실, 샤워실은 다목적센터 안에 있는 공용 공간을 이용하면 된다. 전기와 화롯대 사용도 가능하다. 아쉽지만 카라반 시설은 따로 마련돼 있지 않다. 텐트 캠핑을 하기 어렵다면 다목적센터 2층에 있는 객실형 숙소를 이용하면 된다.

Q 주포마을에서 즐길거리는?

함평 주포마을에서 낙조만큼 유명한 것이 해수찜이다. 옛 갯마을 사람들이 갯일을 마친 후에 몸의 피로를 풀기 위해 했던 것이 지금은 몸에 좋은 해수 찜질법으로 사랑받고 있다. 해수찜은 흔한 해수탕과는 완전히 다르다. 일단 해수찜은 찜질복을 입고 나무로 만든 방에 들어간다. 방 한가운데에 마련된 네모난 탕에는 해수가 담겨 있는데 쑥이 든 붉은 망이 물에 떠있다. 그렇게 잠깐 기다리면 뜨겁게 달군 유황석을 탕에 넣어주는데, 돌을 넣자마자 '치이익' 소리와 함께 물이 부글부글 끓어오르며 수증기를 발생시킨다. 유황에서 빠져 나온 게르마늄 성분이 해수와 약재를 만나 몸에 좋은 약으로 변하는 것이다. 해수찜을 제대로 즐기려면 온도를 잘 맞춰야 한다. 유황석으로 뜨거워진 바닷물을 수건에 적셔 적당히 식힌 다음에 원하는 부위에 덮는다. 목, 어깨, 허리에 수건을 올리면 뭉친 근육이 서서히 풀리는 느낌이 든다. 해수찜을 하고 난 후에 샤워를 하지 않는 게 약효를 오래 유지하는 비법이다. 해수찜은 끈적임이 남지 않아서 그대로 말리거나 마른 수건으로 닦아내면 그만이다.

'♪ 항상 엔진을 켜 둘게' 남도 차박 여행

벌써 10월의 마지막 주다. 왠지 뭔가 해야 할 것만 같은 10월의 마지막 밤, 어디로 떠나야 잘 갔다고 소문이 날까. 사계절 중에 가을은 낮만큼 밤이 아름다운 계절이다. 10월의 마지막 밤을 좀 더 진하게 보내고 싶다면 차박 여행을 떠나보자. 어디론가 떠나고 싶을 때 언제라도 훌쩍 떠날 수 있다는 점이 차박의 최대 강점이다. 굳이 캠핑용 자동차를 구입하지 않더라도 평소에 타고 다니던 자동차를 이용해 편하게 즐길 수 있는데, 좌석 평탄화 같은 개조 과정을 거치지 않고 에어매트나 휴대형 발전기 같은 장비들의 도움을 받으면 누구나 쉽게 도전해 볼 수 있다.

Q 차박은 어디로 가는 게 좋나요?

차박 여행을 떠올릴 때 가장 먼저 생각나는 이미지는 아침에 일어나 차 트렁크를 열었을 때 눈앞에 펼쳐진 아름다운 풍경들이다. 눈 뜨자마자 탁 트인 바다나 오색 단풍으로 물든 숲이 있다면 얼마나 행복할까. 물론 캠핑 고수들은 사람이 거의 찾지 않는 오지 차박을 선호하지만 차박 초보자들은 일단 바다나 강이 보이는 곳으로 가는 게 좋다. 지역마다 해수욕장이나 강 주변으로 오토캠핑장이 많이 마련돼 있어서 차박지로 그만이다. '차박인데 가고 싶은 곳으로 가면 안 될까?' 싶지만, 오토캠핑장으로 가야 화장실이나 개수대 같은 편의시설을 이용할 수 있고 전기나 화롯대 사용까지 가능하니까 차박 초보자들이 불편함 없이 즐겁게 지낼 수 있다.

Q 바닷가 차박지로 좋은 곳은?

유튜브 같은 SNS에서 소개되는 차박 영상 중에서 가장 많은 '구독'과 '좋아요'를 받는 곳이 바닷가다. 그만큼 차박 마니아들이 가장 사랑하는 장소이기도 하다. 바닷가 하면 여름 피서지로만 생각할 수 있는데 사실 가을·겨울 캠핑에 바닷가만큼 좋은 장소도 없다. 자동차에 여행가방을 싣고 시동을 걸었다면, 남도에서 가장 아름다운 바다가 기다리는 완도 명사십리로 달려보자. 모래 울음소리가 십리나 들린다는 명사십리는 이름 그대로 끝없이 펼쳐진 은빛 백사장이 4㎞에 달하고 가을에 더 예쁜 쪽빛 바다와 캠핑 여행에 필요한 편의시설까지 완벽하게 갖추고 있다. 해수욕장을 병풍처럼 감싸고 있는 해송숲 안쪽으로 오토캠핑장과 카라반 시설이 들어서 있고 그 주변으로 차박이 가능한 공터들이 마련돼 있다.

Q 명사십리 바다에서 즐길 거리는?
황금들판에서 오곡백과가 결실을 맺는다면 가을 바다는 황금어장이다. 가을의 명사십리는 낚시 좋아하는 이들이 사랑하는 '핫'스팟이다. 백사장이 끝나는 곳에 갯바위 지대가 자리 잡고 있는데, 마음에 드는 갯바위를 하나 골라서 낚싯대를 드리우면 돔·농어·광어 같은 실한 물고기들이 심심찮게 올라온다. 물론 손맛의 행운은 그때그때 달라서 허탕을 치기도 하지만 꼭 물고기를 잡아야 맛일까, 가을 바다를 친구 삼아 세월을 낚는 것도 뜻밖의 힐링이 된다.

Q 강변 차박지로 좋은 곳은?
차박 여행자들에게 바닷가만큼 사랑받는 차박지가 강변이다. 오랜 세월 동안 남도 땅을 적시며 흘러온 섬진강은 강변 곳곳이 차박 여행의 성지로 인기가 뜨겁다. 전북 팔공산에서 발원한 섬진강이 광양만까지 흘러가는 동안 가장 아름다운 풍경을 품은 곳이 곡성이다. 특히 곡성 보성강이 섬진강과 만나는 곳에 자리한 압록유원지는 넓은 강변과 수려한 풍경으로 예부터 곡성 주민들의 쉼터로 사랑받던 곳이다. 낮에는 강변 단풍을 구경하며 물놀이를 즐길 수 있고 밤에는 물소리, 귀뚜라미 소리를 들으며 차박의 낭만을 즐길 수 있다.

Q 가을에 즐기는 곡성의 맛은?

가을에 곡성을 찾았다면 꼭 먹어야 할 음식이 있다. 팔도 밥상부터 커피까지 한없이 넓은 식견을 보여주는 허영만 화백이 만화 <식객>에서 수박 맛이 난다고 했던 섬진강 은어가 가장 맛이 좋을 때다. 민물고기 특유의 흙냄새가 나지 않고 고소하면서 시원한 수박 맛이 나는 은어는 튀김이나 탕으로 즐기면 좋은데 들깨가루를 듬뿍 넣은 은어들깨탕은 가을 보양식으로 그만이다.

압록유원지에서 그리 멀지 않은 곳에 자리한 석곡에는 역사 깊은 곡성 별미가 있다. 얇게 저민 돼지고기에 매콤달콤한 고추장 양념을 발라서 숯불에 구워먹는 석쇠불고기다. 돼지고기 특유의 잡냄새 없이 쫄깃쫄깃하면서 말캉말캉 씹히는 식감에 불향까지 입혔으니 그 맛이 어떠할까. 생각만으로도 군침 돌게 만드는 곡성표 밥도둑이다.

10월 부록 : 목서꽃 필 무렵. 나주 향교길

가을 산책에 나섰다가 뜻밖의 향기에 깜짝 놀랄 때가 있다. '아, 이게 무슨 향이지?' 주위를 둘러보면, 그곳에 늘 이 나무가 있다. 바로 목서나무다. 봄의 향기가 라일락이라면 가을의 향기는 단연 목서꽃이다. 사철 푸른 나무에 아주 작게 피는 꽃이라서 평소에는 그냥 지나치기 쉬운데, 일단 목서꽃이 피기 시작하면 그 존재를 모르는 이가 없다. 사방 50m 근방까지 퍼지는 향기 때문이다. 코끝을 찌르게 강렬한 향은 아니지만 달콤하면서 은은한 꽃 향이 퍽 매혹적이다. 가을 목서꽃이 필 무렵이면 생각나는 그 곳, 나주로 여행을 떠나보자.

Q 나주 목서꽃이 피는 곳은?

예부터 향 좋기로 소문난 목서나무는 정원수로 무한한 애정을 받았다. 그래선지 시골 마을 고샅길부터 대도시 아파트 단지까지 목서나무가 많다. 내 눈에 콩깍지라고 남도에 뿌리 내린 수많은 목서나무 중에 개인적으로 가장 좋아하는 나무가 나주 향교길에 있다. 천년의 역사가 살아 숨 쉬는 목사골 나주는 도시 자체가 문화재급이다. 그만큼 발길 닿는 곳마다 볼거리며 즐길 거리 투성이다. 조선시대 궁궐 역할을 했던 금성관부터 나주읍성과 목사내아, 그리고 전국 최대 규모를 자랑하는 나주 향교까지 오랜 세월이 흘러도 변치 않는 전통문화의 가치를 직접 확인할 수 있는 곳이다.

가을 여행자를 유혹하는 목서꽃은 금성관에서 나주 향교 쪽으로 한참을 걸어가야 만날 수 있다. 하천 길을 따라 10분쯤 걸었을까, 목서꽃 향기가 벌써 길마중을 나왔다. 점점 진해지는 향기를 쫓아 도착한 곳에 정겨운 한옥 대문이 여행자를 반긴다. 나주향교와 돌담 하나를 사이에 두고 이웃한 집, <3917마중>이다. 푸른 숲 속에 안긴 너른 마당에 전통 한옥과 서양식 건물이 멋들어지게 어우러진 집이다. 목서꽃은 그 집 마당에 피어있다. 목서나무는 꽃의 색과 향에 따라서 금목서와 은목서로 나뉘는데 <3917마중> 마당에는 두 종류의 목서나무가 모두 있다. 마당에 자리한 옛

우물가 옆으로 금목서가 두 그루, 건물 옆으로 은목서 한 그루가 가을마다 우아한 향기를 내뿜는다.

Q <3917마중>은 어떤 곳인가요?
<3917마중>이라는 이름에 집의 역사가 담겨있다. 1939년에 지어진 옛 집을 2017년에 다시 재건한 곳이다. 나주 의병장이었던 '난파 정석진'의 손자가 어머니를 위해 지은 집으로 옛 이름은 '난파고택'이다. 당시 유일한 건축가였던 박영만 선생이 설계한 집으로 더 유명한데, 한국과 일본은 물론이고 서양식 건축기법까지 모두 동원된 집이다. 건물은 목재와 벽돌을 함께 사용했고 창문만 해도 삼각형, 사각형, 육각형까지 모두 모양이 다를 정도로 근대건축의 독특한 매력이 눈길을 끈다. 광복 이후 몇 번의 주인이 바뀌며 한동안 방치됐던 곳이 2017년에 새 주인을 만나면서 복합문화공간으로 다시 태어났다. 옛 안방과 사랑채를 개조한 게스트하우스, 곡물창고를 개조한 카페, 목서나무 아래 펼쳐진 야외 공연장 등 다양한 문화체험공간이 마련돼 있다. 최근 TV드라마 <알고 있지만>의 촬영지로 인기를 끌면서 나주의 대표 여행지로 주목받고 있다.

Q 나주 향교길에서 둘러볼 곳은?

가을 나주에 목서꽃만 피는 게 아니다. <3917마중>과 이웃한 <나주향교>는 전국 최대 규모를 자랑하는 향교답게 정원의 나무들도 역사가 길다. 특히 가을이면 향교에 심은 아름드리 은행나무들이 노랗게 물들어 마치 봄의 꽃동산처럼 화사한 풍경을 자아낸다. 나주향교의 은행나무가 여럿이 함께 어울려 있다면 금성관의 은행나무는 일당백의 존재감을 자랑한다. 5백 년 가까이 금성관을 지켜 온 대장군답게 늠름하고 멋지게 물이 든다. 누구나 잠시 쉬어갈 수 있도록 허락된 금성관 벽오헌 툇마루에 앉아서 바람에 흘날리는 은행잎을 보고 있노라면 임금님도 부럽지 않다.

금성관 옆으로 옛 관리들이 숙소로 사용한 <목사내아>가 있는데 이곳은 숙박체험이 가능한 전통문화 체험 공간이다. 원한다면 누구나 <목사내아>에서 하룻밤을 묵어갈 수 있다. 나주 목사 중에 가장 존경받았던 목사들의 이름을 따서 방을 정했는데 승진방, 합격방, 득녀·득남방이라는 별칭이 따로 있다. 혹시 꼭 이루고 싶은 소망이 있다면 <목사내아>에서 하룻밤이 어떨까.

Q 가을 나주의 밥상은?

나주는 바다와 평야를 두루 품고 있는 남도 땅답게 풍부한 식단과 개성적인 맛이 가득하다. 나주를 대표하는 3대 요리를 꼽자면 읍내 우시장과 함께 발전한 나주곰탕, 톡 쏘는 맛에 영양까지 풍부한 영산포 홍어, 영산강과 서해바다가 만나는 곳에서 맛볼 수 있는 구진포 장어구이가 있다. 뭐 하나 빠질 데 없는 나주의 진미지만 그 중 세상에 하나밖에 없는 소울푸드는 답답한 속까지 뻥 뚫어주는 영산포 홍어다. 널리 알려진 것처럼 홍어는 회로만 먹는 음식이 아니다. 맛난 음식 재료가 그렇듯이 홍어 역시 버릴 것이 하나도 없다. 보리 순을 넣고 끓인 홍어 앳국, 톡 쏘는 맛이 더 강렬해지는 홍어찜과 홍어전, 발효의 하모니를 확실하게 보여주는 홍어삼합까지 골라먹는 재미가 있다. 세상일이 뜻대로 되지 않아 가슴 답답할 때, 푹 삭힌 홍어 한 점에 달큰한 막걸리 한 사발만큼 좋은 약이 없다. 덕분에 중독되는 맛이지만 이런 중독은 인생을 행복하게 만드는 것이니 괜찮다. 나주 맛 삼총사만큼이나 유명한 음식이 하나 더 있다. 바로 불고기다. 춘장과 나주 특산품인 배를 갈아 넣은 양념에 푹 재운 돼지고기(삼겹살·목살)를 연탄불에 일일이 구워서 손님상에 내놓는다. 입맛을 당기는 감칠맛에 불향까지 은은하게 배인 나주불고기는 아무리 먹어도 질리지 않는다. 그러니 살찔 걱정도 필요 없다.

10장 · 전남 1 나주 남파고택 · 금봉관

오색 단풍의
시작과 끝
십일월

장성	#백양사 #백암산 #한국의아름다운길100선
지리산	#피아골 #단풍순례길 #노고단
해남	#두륜산 #케이블카 #대흥사
만추여행	#여수 #강진 #곡성 #가을여행

'오매, 단풍 들었네' 장성 백양사

바야흐로 단풍의 계절이 시작됐다. 설악산에서 내려오던 단풍이 내장산을 물들이는 때, 백양사 단풍 구경을 놓칠 수가 없다.

Q 백양사 단풍의 매력은?

내장산은 설악산과 한라산에 이어 가을 단풍 3대장으로 손꼽히는 호남의 명산이다. 전라남·북도를 아우르는 내장산의 산자락이 장성으로 이어진 곳에 백암산이 있다. 국립공원공단 내장산국립공원백암사무소가 자리한 곳으로 천년고찰 백양사를 품고 있다. 백양사 단풍은 내장산 일대에서 단풍 곱기로 둘째가라면 서러운 곳인데 10월 말부터 온 산을 울긋불긋 물들이던 단풍 물결이 백양사에 내려앉으면 전국에서 찾아온 단풍객들로 발 디딜 틈이 없을 정도다.

백양사에 단풍 소식이 전해질 무렵이면 인근 산동네 감나무 밭에는 온통 주황빛으로 잘 영근 대봉감 수확이 한창이다. 남도에서 일명 장두감으로 불리는 대봉감을 수확하고 나면 본격적인 백양사 단풍놀이철이 시작된다. 장성 황룡강변에서 열리던 노란꽃축제가 끝날 즈음에 백양사 단풍잔치가 벌어지는데, 북하면에서 백양사로 들어서는 가로수길 입구부터 오색 단풍들이 고운 자태를 뽐내며 여행자들의 마음을 설레게 한다.

Q 백양사 단풍은 언제가 절정인가요?

10월 말에 찾아 온 백양사 단풍은 2~3주 동안 이어지는데 11월 초순이 가장 절정이다. 단풍이 곱게 물들기 위해서는 하루 일교차가 크고 햇볕을 충분히 받아야 하는데 백양사 단풍은 이 모든 조건을 갖추고 있다. 백암산은 아기 손처럼 작고 앙증맞다고 해서 '아기단풍'이라고 불리는 토종 단풍나무가 전국에서 유일하게 자생하는 곳이다. 그래선지 다른 지역의 단풍보다 잎이 작고 얇은 것이 특징이다. 덕분에 가을 햇볕을 충분히 받을 수 있고, 해발 700m가 넘는 백암산 중턱에 자리하고 있어서 일교차가 큰 것이 백양사 단풍이 고운 이유다.

Q 백양사 단풍이 가장 예쁜 곳은?

백양사 인근이라면 어디든지 단풍 구경에 부족함이 없다. 개인적으로 백양사 단풍이 가장 아름다운 곳을 꼽자면 백양사 매표소에서 백양사 앞 쌍계루까지 약 1.5㎞의 가로수 길이다. '한국의 아름다운 길 100선'에 선정된 명품숲길로 봄에는 벚꽃, 가을에는 단풍으로 유명하다. 단풍철에는 차량 이동이 쉽지 않으니 주차장에 차를 세워두고 싸목싸목 걸어서 단풍구경하는 것이 가장 좋다. 최근 자동차와 사람들이 함께 다녔던 길 옆으로 나무 데크 산책로가 별도로 설치되면서 편안하고 안전하게 단풍 트랙킹을 즐길 수 있게 됐다. 사진작가들이 자주 찾는 단풍 포인트는 백양사 다리 앞에 있는 쌍계루다. 백양사 앞을 흐르는 두 개의 계곡이 합류하는 지점에 세워진 이층 정자다. 쌍계루는 계곡물에 비친 단풍과 백암산 백학봉의 빼어난 절경을 한 장의 사진에 모두 담을 수 있어서 출사 명당으로 손꼽힌다.

Q 백양사가 궁금해요?

해발 741m의 백암산 동쪽 기슭에 자리 잡은 백양사는 백제 무왕 때 창건한 천년고찰이다. 원래 백암사였던 것이 조선 선조 때 환양선사에 의해 백양사로 이름이 바뀌었다고 한다. 그 배경에는 흰 양이 등장한다. 전설에 따르면 환양선사가 백양사 옆 영천굴에서 법회를 열었는데 흰 양이 나타나 설법을 들으며 눈물을 흘렸다고 한다. 법회가 모두 끝나고 환양선사가 꿈을 꾸었는데 흰 양이 나타나 '자기가 원래는 하늘에 사는 천인으로 죄를 지어 짐승이 되었는데 선사님의 설법을 듣고 다시 천인으로 환생하게 되었다.'고 말했다고 한다. 환양선사가 이튿날 아침에 일어나 암자 앞으로 나가보니 흰 양 한 마리가 죽어 있는 것을 보고 사찰의 이름을 백양사(白羊寺)로 바꾸었다고 한다. 다른 전설로는 환양선사가 대웅전에서 법화경을 설법할 때 산에서 산양들이 많이 내려와 경청하는 것을 보고 백양사라 바꿨다는 이야기도 있다. 어떤 전설이 맞는지는 환양선사만이 알 수 있겠지만 그분의 설법에 양들마저 귀 기울였다는 사실은 의심할 여지가 없는 것 같다.

　　백양사의 대문 역할을 하는 쌍계루를 지나 작은 다리를 건너면 오른쪽에 부도탑들이 모여 있다. 그 중에 '이뭣고' 탑이 시선을 끈다. 조계종 초대 종정을 지낸 만암 대종사가 던진 화두로 '태어나기 전에 나의 참 모습은 무엇인가?'라는 의제를 의심하기 위해 던진 말이라고 한다. '이뭣고', 만암 대종사가 경상도 분이었나 보다. 현존하는 주요 건물들 중에는 환양선사가 세웠다고 전해지는 극락보전(전라남도 유형문화재 32호)이 가장 오래되었고 극락보전 내부에는 2020년에 보물로 승격된 목조아미타여래좌상(보물 2066호)이 모셔져 있다. 이 외에도 소요대사탑, 사천왕문, 각진국사 진영, 아미타회상도 등의 보물급 문화재가 수두룩하다. 특히 백양사는 부처를 모시는 공간뿐 만 아니라 지역 토속신앙을 위한 공간도 마련돼 있다. 부처를 모시는 대웅전 옆으로 백암산의 산신을 모시는 칠성전이 나란히 자리하고 있다. 칠성전은 해마다 대학수학능력시험을 앞두고 특별 기도회가 열리는 장소다. 서로의 다름을 틀림으로 대하지 않고, 종교에 구애 없이 복을 기원하고 싶은 중생들의 마음을 품어준 천년고찰의 기품이 느껴지는 곳이다.

단풍 맛집 지리산

한여름 지리산 피아골에 다녀오지 못했다면 11월에는 꼭 가보자. 이맘 때 지리산은 언제 어디서나 고운 단풍을 만날 수 있지만, 단언컨대 최고의 단풍은 피아골에 있다. 피아골 단풍은 지리산 10경으로 일명 '삼홍'이라고 불린다. '산의 단풍도 붉고, 단풍을 비추는 계곡도 붉고, 그 풍경을 바라보는 사람의 마음마저 붉게 물들인다'고 해서 붙여진 별칭인데 피아골 단풍을 보면 정말 실감나는 말이다.

Q 피아골 단풍의 매력은?

피아골 단풍길은 계곡 입구부터 연곡사 주차장을 거쳐 계곡 끝에 있는 직전마을까지 이어져 있는데 특히 표고막터부터 삼홍소까지 이어진 약 1㎞ 구간의 단풍터널은 피아골 최고의 절경으로 손꼽힌다. 해마다 단풍철이 되면 구례군에서 군민들과 여행객들을 위해서 단풍제례와 함께 다양한 공연과 떡 나누기 행사를 진행한다. 피아골 단풍 구경은 계곡 길을 따라서 가볍게 산책하듯이 걸어도 좋고, 좀 더 오래 피아골 단풍을 구경하고 싶다면 직전마을에서 피아골대피소까지 산행을 하는 것도 좋다. 등산로는 약 4㎞의 길로 빠르게 걸으면 2시간 정도 걸리는데 천천히 쉬면서 오르내린다고 해도 4시간이면 충분하다.

Q 또 다른 지리산 단풍 길은?

피아골 계곡과 쌍벽을 이루는 곳이 화엄사 단풍이다. 피아골이 불타오를 듯 붉은 단풍이 특징이라면 화엄사 계곡의 단풍은 갈색과 노란빛이 주를 이룬다. 피아골과 달리 느티나무와 갈참나무 같은 난대림 나무가 많아서인데 노고단에서 시작한 단풍 물결이 연기암 위쪽 구수등으로 번질 때가 가장 절정이다. 화엄사 단풍 길은 연기암에서 노고단까지 산길을 따라 약 7㎞에 걸쳐 이어지는데 지리산 단풍 순례길로 유명한 곳이다. 산 능선을 걷는 길이라 험하지는 않지만 꽤 거리가 멀어서 등산에 능숙한 이들과 함께 산행하는 것이 좋다. 노고단까지 산행이 어렵다면 화엄사를 중심으로 연기암과 참샘터까지 걸어도 단풍 구경에 부족함이 없다. 연기암에 가면 황금으로 만들어진 부처님 손바닥이 있는데 이곳에 이마를 세 번 대고 소원을 말하면 소원이 이뤄진다는 전설이 있다.

지리산 단풍 여행을 계획할 때는 기상청의 날씨 정보를 확인할 필요가 있다. 전국 명산들의 단풍 현황을 한 눈에 살펴볼 수 있어서, 여행 일정에 맞게 단풍 명소를 선택하면 된다. 대부분의 산이 국립공원이다 보니까 산이 높고 계곡이 깊다. 일교차가 큰 날씨에 대비할 수 있도록 옷차림과 간단한 등산 장비를 챙겨야 안전한 단풍여행을 즐길 수 있다.

Q 지리산이 자랑하는 맛은?

전라도와 경상도를 두루 품고 있는 지리산은 먹을거리가 많다. 특히 가을이면 식재료가 풍부해서 밥상이 더욱 풍성해진다. 산자락을 타고 각 지역의 별미를 즐길 수 있는 게 지리산 여행의 또 다른 즐거움이다. 단풍 구경을 마치고 하산 지역을 선택하는 것으로 밥상 메뉴를 골라보자. 먼저 전북 남원으로 하산을 결정했다면 진한 가을 맛을 느낄 수 있는 추어탕이 있다. 통통하게 살이 오른 가을 미꾸라지에 열무 시래기와 칼칼한 청양고추를 넣고 뭉근하게 끓인 남원 추어탕은 몸과 마음을 든든하게 채워주는 가을철 소울푸드다. 경남 하동 쪽으로 하산한다면 화개장터에서 들러 다양한 장터 음식을 즐겨보자. 가마솥에서 막 끓여주는 소머리국밥에 도토리묵사발, 여기에 잘 말린 지리산 산나물로 비벼먹는 비빔밥까지 골라먹는 재미가 있다. 전남 구례 방면으로 내려올 때는 버섯전골을 놓치면 안 된다. 지리산에서 자란 석이·능이·느타리 같은 온갖 버섯이 들어간 버섯전골은 그 자체로 보약이나 진배없는데 얇게 저민 소고기까지 샤브샤브로 곁들이면 최고의 가을 밥상이다.

오색 단풍길 로드. 해남 천년숲길

가을을 곱게 물들이던 단풍이 벌써 떠날 준비를 한다. 단풍이 모두 사라지기 전에 서둘러 길을 나서보자. 한반도에서 가장 마지막 단풍을 볼 수 있는 곳은 '땅끝' 해남에서도 가장 남쪽에 있는 두륜산이다. 해남군 삼산면을 중심으로 네 개의 면이 맞닿아 있는 곳에 자리한 두륜산은 한반도 땅 끝에서 다도해의 푸른 바다를 바라보며 우뚝 솟아 있다. 두륜산에는 난대림 나무들이 우거져 있는데 아름다운 계곡 숲길을 따라서 단풍나무 숲이 약 4㎞에 걸쳐 이어져 있다. 백양사 단풍이 절정을 맞이할 때 물들기 시작하던 두륜산 단풍이 11월의 마지막 단풍철을 화려하게 수놓는다.

Q 두륜산 단풍이 가장 예쁜 곳은?

장춘길 또는 천년숲길로 불리는 이 길은 사시사철 새로운 옷을 갈아입는다. 봄의 꽃길이 여름 신록으로 이어지고 가을 단풍이 한겨울 눈길로 이어진다. 오랜 세월 자연이 빚은 숲길은 어머니의 아늑한 품처럼 포근하고 자연의 생명력을 가까이에서 느낄 수 있는 힐링 산책로다. 각양각색의 난대림이 단풍으로 물든 가을이면 빼어난 경치를 자랑하는데 호젓한 단풍구경에 이만한 곳이 없다.

Q 두륜산은 어떤 산인가요?

두륜이라는 이름은 산 모양이 사방으로 둥글게 솟아있는 '둥근머리' 또는 '둥글넓적한' 모습을 하고 있다고 해서 붙여졌다. 해발 703m에 자리한 주봉 가련봉 아래로 해발 630m에 있는 고계봉과 두륜봉이 두륜산 등산 코스로 많이 찾는 곳이다. 산길이 험하지 않아서 등산 초보들도 정상인 가련봉까지 왕복 4~5시간이면 충분히 오르내리는데 이른 아침을 먹고 출발하면 점심 전에 돌아올 수 있다.

등산에 자신 없다고 해도 두륜산 정상 구경은 할 수 있다. 해남 두륜산에는 고계봉으로 연결된 '케이블카'가 매일 운행한다. 두륜산 케이블카의 운행거리는 약 1.6km이며 편도 8분 거리다. 발밑으로 펼쳐진 오색 물결이 숲길에서 볼 수 없었던 두륜산 단풍의 매력을 더해준다. 케이블카 종점에서 내려서 나무 계단을 10분 정도 오르면 고계봉 정상에 도착하는데 주위 경관을 조망할 수 있는 전망대가 설치돼 있다. 날이 좋을 때면 멀리 영암 월출산과 광주 무등산까지 손이 닿을 듯 가깝게 느껴지는데 부드럽게 이어지는 유려한 산세가 한 폭의 멋진 동양화를 보는 것 같다.

Q 대흥사가 궁금해요?
대흥사는 2018년에 순천 선암사와 함께 '산사, 한국의 산지승원'이라는 명칭으로 유네스코 세계문화유산에 등재된 천년고찰이다. 오색 단풍길 끝에 자리한 대흥사는 두륜산 정상부가 사찰 뒤편으로 병풍처럼 펼쳐져 있는데 산자락 경계선이 누워있는 부처(와불) 형상으로 보여 이름 높은 사찰의 기품을 느끼게 해 준다. 대흥사가 전국적으로 유명해진 것은 대흥사와 인연이 깊은 명승들의 활약 때문이다. 특히 조선시대 임진왜란 때 승병을 이끌고 나라를 지킨 서산대사는 대흥사를 '삼재가 들어오지 않는 곳이요, 만세토록 파괴됨이 없는 곳이다'라면서 자신의 의발을 대흥사에 맡겼다고 한다.

대흥사와 인연이 깊은 또 한 분의 명승은 바로 초의선사다. 일지암이라는 암자에서 차를 재배하며 한국의 차 문화에 큰 영향을 미쳤는데 강진으로 유배를 왔던 다산 정약용을 비롯해 추사 김정희와도 교류를 하며 대흥사에 발자취를 남겼다. 문재인 대통령도 대흥사에서 머물던 때가 있었는데 사법시험을 준비하던 1978년에 대흥사에서 8개월 동안 공부를 하고 1차 시험에 합격했다고 한다. 대흥사는 오랜 역사와 전통을 자랑하는 천년고찰이다 보니 보물급 문화재들이 많다. 대흥사의 문화재들이 보고 싶다면 사찰 옆 성보박물관에 들러보는 게 좋다. 서산대사가 맡겼던 의발부터 초의선사와 친분이 깊었던 추사 김정희가 쓴 '무량수각' 편액의 진품까지 직접 확인할 수 있다.

Q 두륜산 주변의 볼거리는?
해남에서 가장 아름다운 은행나무를 두륜산 자락에서 만날 수 있다. 고산 윤선도 선생의 종갓집인 녹우당 대문 앞에 서 있는 5백년 된 은행나무다. '어부사시사', '오우가' 등 주옥같은 문학작품을 남긴 윤선도 선생의 녹우당은 구례 운조루와 함께 최고의 명당 터로 이름난 곳이다. 기운 좋은 땅에서 자란 은행나무는 여전히 왕성하게 잎을 틔우고 열매를 맺으며 녹우당을 지키고 있다. 후손의 진사시 합격을 기념해 심었다는 은행나무는 가을마다 한 점 얼룩 없이 노랗게 물이 드는데 멀리서도 그 존재감이 크다.

우물쭈물하지 말고 떠나자, 만추 여행

'우물쭈물하다가 내 이럴 줄 알았어' 버나드 쇼처럼 후회하기 전에 가을 여행을 떠날 때다. 이번 주가 지나면 가을 분위기 한 번 못 내고 월동 준비를 해야 한다. 온갖 이유로 아직 가을 여행을 떠나지 못한 이들을 위해 짧고 굵게 늦가을의 낭만을 만끽할 수 있는 만추 여행지를 골라봤다. 11월 대학수학능력시험 시즌을 강타하는 족집게 과외 선생님처럼 늦가을에 놓칠 수 없는 명소만 콕콕 집어서 일타 여행을 떠나보자.

Q 첫 번째 만추 여행지가 있는 곳은?

첫 번째 만추 여행지는 여수시 소라면에 있는 〈가사리 생태공원〉이다. 생활 속 거리두기가 일상이 된 이후 호젓한 가을 풍경을 찾는 여행자들이 자주 찾는 곳이다. 〈가사리 생태공원〉은 바닷길이 마을 안쪽까지 깊숙하게 들어와 자리 잡은 갯벌이다. 순천만 갯벌처럼 크고 넓지는 않지만 은빛으로 물든 멋진 갈대숲부터 갯벌과 습지까지 모든 것을 구경할 수 있는 갯벌생태공원이다. 갈대숲 안쪽까지 둘러볼 수 있도록 나무 데크 탐방로가 갯벌 위에 설치돼 있는데 유모차가 다닐 정도로 넓고 평탄하다. 아직 많이 알려진 곳이 아니어서 여유롭게 시간을 갖고 둘러볼 수 있는데 은빛 갈대숲 사이로 겨울나기를 위해 찾아 온 청둥오리와 새하얀 고니까지 만날 수 있다.

〈가사리 생태공원〉에서 길 하나를 마주하고 '여수 YMCA 생태교육관'이 있다. 이곳에 자전거 대여소가 있어서 자전거를 타고 갈대숲길과 제방 길을 달려보는 것도 특별한 가을 여행이 될 것이다.

Q 두 번째 만추 여행지가 있는 곳은?

남도답사 일번지 강진에 가면 김영랑 시인의 생가가 있다. 봄이면 앞마당을 가득 메운 모란이 제철이고 가을이면 샛노란 은행나무가 여행자들의 발길을 붙잡는 곳이다. 김영랑 시인은 관동대지진으로 일본 유학 도중에 고향으로 돌아왔다. 시인이 글을 쓰며 보냈던 사랑채 앞마당에는 그의 시처럼 아름다운 은행나무가 있다. 백 년 가까이 한 자리를 지켜온 아름드리 은행나무는 초가집 이엉을 얹은 사랑채와 어울려 멋진 가을 풍경을 선사한다.

김영랑 시인의 생가는 그가 세상을 떠난 후 몇 차례 집주인이 바뀌면서 원래 모습이 많이 바뀌었지만 강진군이 매입해 관리한 이후부터 원형에 가깝게 복원됐다. 집터 곳곳에 시인의 시비가 마련돼 있는데 사랑채 은행나무 앞에는 김영랑 시인이 쓴 수필 <은행나무>의 글귀가 새겨져 있다. 사랑채 툇마루에 앉아 가을바람에 흩날리는 샛노란 은행잎들을 바라봤을 시인의 마음이 이랬을까. 잠시 시간이 멈춘 듯 늦가을의 정취에 흠뻑 취해볼 수 있다.

Q 세 번째 만추 여행지가 있는 곳은?

지리산과 섬진강을 품은 곡성은 철마다 멋진 자연의 작품이 펼쳐진 곳이다. 단풍길이 유명한 곡성에서 가장 화려한 단풍을 만날 수 있는 곳은 압록유원지에서 죽곡카누클럽까지 이어진 강변 도로다. 붉디붉은 단풍을 벗 삼아 신나게 달리다 보면 죽곡카누클럽에 도착하는데 1~2인용 카누를 이용해 세일링을 즐길 수 있다. 카누에 몸을 실었다면 강변 단풍길을 따라 압록유원지까지 노를 저어보자. 드라이브 여행과는 또 다른 운치가 있다.

수영을 하지 못한다고 해도 카누와 카약은 누구나 도전할 수 있다. 시승 전에 간단한 노 젓기 방법을 배우는데 전진과 후진, 그리고 강변에 부딪혔을 때 빠져나오는 방법만 익히면 누구나 카누 운전이 가능하다. 죽곡카누클럽이 있는 강변 숲속은 캠핑 장소로 사랑받고 있는데 가을밤 강변에서 즐기는 캠핑의 낭만은 잊지 못할 추억을 선사할 것이다.

빛나는 밤 십이월

백반기행	#고흥 #삼치 #완도 #매생이
장흥	#남포마을 #석화 #정남진전망대
빛축제	#순천만 #보성차밭 #광양느랭이골
여수	#백리섬섬길 #트래킹 #낭도 #장사금해수욕장

속까지 든든하게, 겨울 백반기행

어느새 마지막 계절인 겨울이 찾아왔다. 부쩍 추워진 바람에 옷깃을 여미다가도 괜스레 마음이 허전해지는 계절이다. 이럴 때일수록 배를 든든하게 채워야 허해진 마음도 달랠 수 있다. 오래 전부터 전설처럼 내려오는 말이 있지 않나. 금강산도 식후경! 올 겨울 여행은 배를 채우는 것부터 시작하자.

Q 첫 번째 백반기행은 어디로 갈까요?

든든한 겨울나기를 위해 첫 번째로 찾은 곳은 고흥이다. 우주를 향한 대한민국의 꿈이 현실이 되는 곳, 우주도시 나로도는 청정 바다를 품은 맛의 고장이기도 하다. 사시사철 맛난 먹거리가 넘쳐나지만 겨울 나로도 밥상을 책임지는 삼총사는 따로 있다.

삼총사의 맏이는 나로도 삼치다. 나로도항은 일제 강점기 시절부터 삼치 파시가 열릴 정도로 삼치 잡이가 성행했던 곳이다. 1960~1970년대까지도 항구를 드나드는 삼치 잡이 배들이 2백여 척이 넘었다고 하니 그 규모를 짐작할 수 있다. 워낙 귀한 생선이라서 잡는 족족 '대일무역선'에 실려 일본으로 전량이 수출되는 바람에 제철에도 국내 생선가게에서는 구경하기 힘든 생선이었다고 한다. 지금이야 예전만 못하지만 그래도 삼치 하면 나로도를 최고로 쳐 준다. 나로도 대삼치가 가장 맛있을 때가 딱 지금이다. 10월부터 살에 기름이 오르기 시작한 삼치는 12~1월이 가장 맛있다. 삼치라는 이름은 '자산어보'에서 유래했는데 '세 가지 맛이 있고, 세 배 크며, 속도가 세 배 빠르다'고 기록돼 있다.

Q 겨울 삼치는 어떻게 먹어야 맛있나요?

겨울 삼치는 살집이 단단하고 단맛이 돈다. 이른바 무 썰기 시전으로 두툼하게 썬 삼치회를 기름장이나 쌈장에 찍어 먹으면 기름지고 고소한 삼치회 맛의 진수를 맛볼 수 있다. 삼치회를 먹는 방식은 지역마다 조금씩 다르다. 고흥 사람들은 두툼한 돌김 위에 큼직한 삼치회 한 점을 올린 뒤 양념장을 곁들여 먹는다. 완도 청산도에서는 묵은지를 올려서 먹고 여수에서는 양념된장과 갓김치를 곁들여 먹는다. 해남 땅끝마을에서는 김 대신 봄동에 삼치와 묵은지를 올려서 먹는데 이를 삼치삼합이라고 부른다. 나로도에서는 삼치회 뿐만 아니라 미역국에 삼치를 넣어 끓이는 삼치미역국과 삼치의 껍질을 벗겨 순살로만 만드는 삼치어죽도 별미다.

Q 고흥 겨울밥상의 두 번째 주인공은?

고흥의 겨울밥상을 책임지는 두 번째 맛은 녹동항에 있다. 고흥을 대표하는 포구인 녹동항은 근해에서 갓 잡은 신선한 해산물이 모이는 큰 어시장이 열린다. 고흥 끝자락에 위치해 있지만 도로가 잘 연결되어 있어서 찾아가기 쉽고 소록도와 거금도를 잇는 다리가 생기면서 언제나 여행자들로 북적이는 고흥의 대표 명소다. 녹동항의 겨울 밥상을 책임지는 주인공은 붕장어다. '붕장어'는 지방 함량이 몸의 약 10%로 탕을 끓여 먹기에 적당하다. 고흥의 붕장어탕은 여수나

통영의 것과는 조금 다르다. 다른 지역에서는 국물이 약간 맑은 편이지만 고흥의 붕장어탕은 오히려 진하고 구수하다. 국물을 낼 때 된장을 풀고 고춧가루를 넉넉하게 뿌리기 때문이다. 구수한 된장과 붕장어의 고소함이 어울려 진득하면서도 개운한 맛을 빚어낸다. 여기에 후춧가루를 뿌리면 장어탕 맛이 훨씬 풍성해진다. 아침 해장용으로 그만이다.

Q 고흥 겨울밥상의 마지막 주인공은?
삼치와 붕장어 다음으로 고흥 밥상을 책임지는 삼총사는 황가오리다. 배 부분이 황금빛을 띠고 있어서 황가오리라고 불리는데 청정바다로 소문난 고흥과 해남 바다에서 소량만 잡히는 귀한 생선이다. 황가오리는 '가짜 홍어'라고 부를 정도로 생김새부터 먹는 방법까지 비슷하다. 차지고 오독오독 씹히는 맛이 특별해서 한번 맛보면 자꾸 생각나는 맛이다.

홍어나 간재미가 삭혀서 톡 쏘는 맛으로 먹는다면 황가오리는 싱싱할 때 차진 맛으로 먹는다. 황가오리 회를 시키면 날갯살과 뱃살을 섞은 회와 애(간)가 함께 나온다. 황가오리 애는 신선하지 않으면 먹을 수 없는 부위로 남도 식객들 사이에서 애를 먹어야 황가오리 한 마리 다 먹는 것과 같다고 칭찬할 정도다. 홍어 애와 달리 비린내가 없고 고소해서 푸아그라 같은 맛이 난다. 황가오리회는 붉은 반점이 촘촘하게 박혀 있는데 그 모양이 꼭 소고기 차돌박이 같기도 하다. 식감은 차지고 쫀득하다. 특히 날개 쪽은 씹는 맛이 일품이다. 깻잎장아찌에 밥 한 숟가락을 올리고 그 위에 황가오리 회 한 점을 올려서 먹으면 금세 밥 한 그릇을 비울 수 있다. 워낙 귀한 몸이니 기회가 될 때 꼭 맛보는 것이 좋다.

Q 겨울 백반기행, 또 다른 여행지는?

고흥 바다만큼 맛있는 겨울 밥상이 완도에서 기다린다. 바다 양식장이 넓게 펼쳐진 노화도는 전복과 비단가리비가 유명하다. 껍데기 말고는 버릴 게 없다는 전복은 겨울 밥상을 든든하게 만들어주는 최상의 식재료다. 먼저 전복에서 발라낸 내장으로 고소한 전복 내장밥을 짓고 여기에 전복 살과 비단가리비를 함께 다져서 만든 전복스테이크를 곁들이면 보약 밥상이 따로 없다.

완도의 겨울 바다를 초록으로 물들이는 매생이는 주로 고금도에서 나온다. 매생이는 다양한 음식으로 즐길 수 있는데 닭곰탕에 수제비를 넣어서 만든 매생이수제비닭곰탕이나 매생이 파스타로 즐기면 별미다.

Q 완도에서 더 둘러볼 곳은?

완도여행의 시작은 단연 완도타워부터 시작된다. 완도타워까지 가는 길은 찻길과 산책로를 이용할 수 있는데 최근 모노레일과 '완도타워스카이(짚라인)'가 설치되면서 새로운 랜드마크로 주목받고 있다. 모노레일은 완도 수산물시장이 있는 중앙광장에서 완도타워가 있는 다도해일출공원까지 459m 구간을 약 7분 간격으로 운행한다. 사방이 탁 트인 모노레일을 타고 산책하듯 천천히 완도 읍내를 조망할 수 있는데 좀 더 짜릿한 경험을 원한다면 '완도타워스카이(짚라인)'에 도전해 보는 것도 좋다.

해발 132m의 산 위에 세워진 완도타워는 높이 76m의 전망대로 인근 다도해 풍경을 한 눈에 담을 수 있다. 완도읍에서 가장 높은 곳에 있기 때문에 360도 파노라마 관람이 가능하며 날이 좋을 때는 멀리 제주도까지 보일 정도로 전망이 좋다. 특히 타워 전망대에서는 특별한 완도 먹거리를 맛 볼 수 있다. 고소한 빵 안에 완도 전복 한 마리가 통째로 들어있는 전복빵은 맛과 영양은 물론 보는 즐거움까지 쏠쏠한 완도의 별미다.

겨울 석화가 피는 곳, 장흥 남포마을

한겨울 동장군의 기세에 바다까지 얼 때가 있다. 남해바다 갯벌 위에 하얀 살얼음이 필 무렵 피어나는 꽃이 있으니 바로 석화다. 일명 돌에서 피는 꽃, 석화라고 불리는 굴은 남도의 겨울 바다가 준 맛있는 선물이다. 겨울 바다의 멋과 맛을 모두 느낄 수 있는 석화의 고향, 장흥 남포마을로 겨울 여행을 떠나보자.

Q 남포마을이 궁금해요?

장흥군 용산면 소재지에서 20분 정도 바다를 향해 더 달려가면 작은 갯마을 남포마을이 나온다. 마을 고샅길을 따라 야트막한 언덕 하나를 넘어가면 드넓은 바다가 펼쳐져 있는데 해변을 따라 온통 석화 밭이다. 남포마을 석화가 전국적으로 유명한 이유는 100% 자연산이기 때문이다. 양식으로 키우는 다른 지역의 굴과 달리 갯바위에 붙어 사는데 썰물과 밀물을 맞으며 건강하게 자라는 것이 특징이다. 청정바다의 기운을 듬뿍 먹고 자란 남포마을 석화는 크기는 작아도 알이 탱탱하고 향이 좋아서 최상품으로 인정받고 있다. 바다에 눈이 내려앉을 때면 남포마을 석화를 맛보기 위해서 많은 이들이 찾아오는데 덕분에 장흥을 대표하는 겨울 여행지로 사랑받고 있다.

Q 남포마을 굴을 바로 맛볼 수 있나요?

장흥 남포마을에서는 동지부터 설날까지 한창 추운 한겨울에 석화를 수확한다. 물때에 맞춰서 마을 사람들이 한데 모여 작업을 한다. 바닷가 갯바위에서 따 온 석화는 마을 공동작업장에서 손질하는데 즉석에서 생굴로 판매하거나 즉석 석화구이로 내놓는다. 겨울이면 도시에서 흔하게 볼 수 있는 굴구이의 원조가 장흥 남포마을이라고 할 정도로 이곳의 석화구이 역사는 오래됐다. 마을 사람들이 바다에서 갓 따 온 석화를 새참삼아 껍질째 숯불에 구워먹던 것을 마을에 온 여행자들이 우연히 맛보면서 전국으로 퍼져나갔다는 것이 정설이다.

어떤 음식이든지 원조는 뭐가 달라도 다른 법, 겨울 바닷가에서 맛보는 석화구이는 굳이 설명이 필요 없는 맛이다. 석화구이로 배를 채운 후에 떡국으로 입가심을 하면 든든한 한 끼가 된다. 짭쪼름한 맛에 향긋한 향이 어우러진 석화(굴)는 일찍이 동·서양을 막론하고 '바다의 우유'로 불릴 만큼 영양이 풍부해서 겨울 보양식으로 그만이다.

Q 남포마을의 볼거리는?

남포마을의 자랑이 석화만 있는 것이 아니다. 서울 종로구 인사동에 자리한 표지석을 중심으로 정동쪽으로 말을 달려 도착한 곳이 강원도 강릉이라면 정남쪽 끝은 장흥 남포마을이다. 정남진 장흥을 알리는 표지석이 마을 입구에 자리 잡고 있다. 마을 안길로 들어서면 소등섬이 눈길을 끈다. 마을 해안가에서 50m 떨어진 곳에 마을을 지키듯이 솟은 작은 섬으로 하루에 두 번 썰물 때마다 길이 열린다. 작은 소나무 숲이 우거진 소등섬은 소의 등을 닮았다고 해서 붙여진 이름인데 '작은 불빛'이라는 뜻도 함께 지니고 있다. 실제로 마을 사람들이 먼 바다에 고기잡이를 나간 가족들을 위해 호롱불을 켜놓고 무사히 돌아오기를 빌었던 곳으로 뱃사람들에게는 등대와 같은 역할을 했던 소중한 섬이다. 그래선지 해마다 정월대보름이면 온 마을 사람들이 모여서 소등섬을 지키는 삼신할머니에게 정성스레 당제를 올리는데 보름날에 맞춰 남포마을을 찾으면 구경할 수 있다. 단, 마을 사람들에게 소중한 공간인 만큼 소등섬을 둘러볼 때는 최대한 예의를 갖추는 것이 좋다.

소등섬은 일몰과 일출 명소로 사랑받고 있는데 특히 겨울철 일출 풍경이 특별하다. 남해에서 맞는 일출은 동해에서 경험하는 해돋이와는 분위기가 사뭇 다르다. 동해 일출이 장엄하다면 남해바다 작은 섬의 일출은 소박하고 단아하다. 마을에서 운영하는 펜션과 민박집에서 하룻밤을 묵고 소등섬 위로 떠오른 일출까지 보고 돌아오면 알찬 겨울 여행이 될 것이다.

Q 장흥에서 더 돌아볼 곳은?

남포마을에서 득량만 해안가를 따라 30분 정도 남쪽으로 내달리면 관산읍 삼산리에 닿는다. 이곳에 정남진 전망대가 있다. 지상 10층(46m) 규모의 전망대는 남해바다를 향해 우뚝 솟은 모양새가 웅장하다. 1층 홍보관을 둘러본 뒤 10층 전망층에 오르면 사방 거칠 것 없이 시야가 터진다. 남해바다를 수놓은 득량도, 소록도, 연홍도, 거금도, 금당도, 금일도, 생일도가 파노라마처럼 펼쳐진다. 정남진 전망대는 일출 명소로 각광받고 있는데 장흥군에서 해마다 해맞이 축제를 이곳에서 연다.

전망대 통일광장에는 정남진을 가리키는 커다란 한반도 지도가 바닥에 새겨져 있는데 그 옆으로 안중근 의사의 동상이 우뚝 서 있다. 안중근 의사 서거 100주년을 기념해 세워진 높이 4m의 동상으로 안중근 의사가 단지(斷指)한 왼손으로 태평양 너머의 일본을 가리키고 있는 모습이다.

Q 안중근 의사의 동상이 장흥에 있는 이유는?

정남진 장흥과 안중근 의사의 인연은 해동사에서 확인할 수 있다. 장흥 장동면 만수산 자락에 자리한 해동사는 안중근 의사의 영정과 위패를 모신 국내 유일의 사당이다. 1955년 장흥의 죽산 안씨 가문은 안중근 의사의 제사를 지내는 곳이 없다는 사실을 안타까워하며 문중 사당 옆에 작은 사당을 짓고 안중근 의사의 위패를 모셨다. 해동사 안에는 안중근 의사가 친필로 남긴 유묵과 사진 등이 보존돼 있는데 1909년 10월 26일 하얼빈 역에서 이토 히로부미를 저격했던 오전 9시 30분을 기억하며 멈춰 선 괘종시계가 눈길을 끈다.

별이 빛나는 겨울밤, 남도 빛축제

12월은 특별한 여행을 즐기기에 더없이 좋은 달이다. 차가운 겨울바람에도 불구하고 자꾸 밖으로 나가고 싶은 유혹이 생긴다면 겨울밤 빛축제를 즐겨보자. 겨울밤을 수놓는 별들 마냥 반짝이는 화려한 빛들이 낮과는 전혀 다른 세상을 보여준다. 겨울밤의 낭만을 즐길 수 있는 빛축제는 연인끼리 데이트를 더욱 로맨틱하게 만들어주고 친구나 가족들에게는 소중한 추억을 선사한다. 12월 들어서 남도 곳곳에서 빛축제가 열리기 시작하는데 따뜻한 아랫목을 박차고 나설 만큼 매혹적인 남도 빛축제 3대장을 소개한다.

Q 첫 번째 빛축제는 어디에서 열리나요?

3대장 중 첫 번째 빛축제는 정원도시 순천에서 열린다. 2013년 국제정원박람회가 열렸던 순천만정원은 계절마다 특색 있는 축제가 마련되는데 새봄을 알리는 봄꽃축제에 이어 여름에는 시원한 물빛축제, 가을에는 황금빛으로 물든 갈대축제, 그리고 겨울에 빛축제가 열린다.

<순천만 별빛축제>라는 타이틀로 해마다 12월부터 이듬해 2월까지 국가정원에 불을 밝히는데 서문광장과 국제습지센터를 중심으로 매일 밤 다양한 빛의 향연을 만끽할 수 있다. 반짝이는 조명을 따라 순천만국가정원 서문으로 입장하면 거대한 크리스마스트리가 형형색색으로 여행자를 반기고, 하늘정원을 거쳐 국제습지센터까지 반짝이는 빛의 물결이 이어진다. 국가정원 곳곳에 설치된 아트월에서는 화려한 미디어 아트 쇼와 다양한 공연이 펼쳐지는데, 특히 전국 겨울축제 중에서 유일무이하게 리얼 야생 세계를 만날 수 있는 '나이트 사파리' 체험이 생동감 넘치는 재미를 선사한다.

Q 두 번째 빛축제는 어디에서 열리나요?

두 번째 빛축제가 열리는 곳은 전남 보성이다. 보성군은 2000년 겨울에 차밭에 만든 대형 크리스마스트리가 기네스북에 등재된 이후, 겨울마다 빛축제를 열고 있다. <보성차밭 빛축제>가 열리는 주요 무대는 보성읍에서 그리 멀지 않은 '한국차소리문화공원'으로 보성 차와 서편제 보성소리를 주제로 한 테마공원이다.

<보성차밭 빛축제>가 열리는 겨울 시즌에는 공원 주변이 온통 빛으로 반짝이는데 아이들이 좋아하는 애니메이션 캐릭터부터 신비한 매력을 뽐내는 예술작품까지 황홀한 빛의 향연을 즐길 수 있다. 한국차소리문화공원의 주변 차밭에도 온통 LED등을 달아서 꾸미는데 산비탈을 따라 층층이 조성돼 있는 차밭이 대형 크리스마스 트리처럼 멋지다. 매일 밤마다 다양한 빛 체험프로그램과 화려한 영상쇼가 펼쳐지고 대형 LED 스크린을 활용해 사랑하는 이에게 마음을 전하는 이벤트 등 색다른 체험을 즐길 수 있다.

Q 마지막 빛축제가 열리는 곳은?

언제나 주인공은 마시막에 나오는 법이다. 남도 빛축제 가운데 요즘 한창 잘 나가는 슈퍼스타가 있는데 전라남도에서 '12월 추천 관광지'로 선정할 만큼 인기가 많은 <광양 느랭

이골 빛축제>다. 광양 느랭이골은 백운산 남쪽 중턱에 위치한 자연휴양림으로 전남을 대표하는 별밤 여행지로 사랑받고 있다. 12월부터 3개월 동안 빛축제가 열리는데 글램핑 캠핑장과 숲체험장이 함께 마련돼 있어서 1박 2일 코스로 빛축제를 즐기기에 그만이다. <광양 느랭이골 빛축제>는 글램핑장을 중심으로 꾸며지는데 장식으로 쓰이는 LED 등만 천만 개 넘게 사용될 정도로 화려한 풍경을 자랑한다. 캠핑 여행객들이 자주 찾는 축제답게 아이들이 좋아하는 공룡 작품부터 연인들을 위한 하트 조명탑과 끝없이 이어지는 별빛 터널까지 구경하는 재미가 쏠쏠하다. 숲을 배경으로 겨울 밤하늘에서 찾아볼 수 있는 오리온·카시오페이아 같은 별자리 조형물도 시선을 사로잡는다. 특히 느랭이골 자연휴양림은 백운산 해발 450m 고지에 자리하고 있어서 멀리 여수산단의 불빛까지 조망할 수 있고 울창하게 우거진 편백나무 숲이 차가운 북풍을 막아줘서 겨울밤 빛축제를 즐기며 산책하기에 좋다.

빛축제의 특성상 해가 지는 오후 6시부터 밤 10시까지 불을 밝히는데 크리스마스이브나 12월 31일 같은 특별한 밤에는 자정까지 연장되기도 한다. 하지만 비가 오는 날에는 안전 문제로 점등하지 않는 곳이 많기 때문에 가기 전에 일기 예보를 꼭 확인하고 여행 계획을 잡는 것이 좋다.

가는 해 오는 해, 백리섬섬길

한 해의 마지막 여행을 고르는 일은 쉽지 않다. 그렇게 열심히 다녔건만 아직 가보지 못한 여행지가 많이 남아있고, 또 일 년을 마무리하는 때인 만큼 의미 있는 곳으로 여행을 떠나고 싶기 때문이다. 한참을 고민한 끝에 시작과 끝이 공존하는 여행지를 골라봤다. 12월의 마지막 주, 열심히 달려왔던 길을 되돌아보고 새로운 길을 바라볼 수 있는 멋진 여행길이 남해바다 여수에서 기다리고 있다.

Q 여수 여행길이 궁금해요?

전국에서 유일하게 다도해국립해상공원과 한려해상국립공원이 맞닿아 있는 여수는 아름다운 항구도시로 이름난 곳이지만 알고 보면 섬의 도시다. 천사섬 신안만큼은 아니지만 유인도와 무인도를 합해서 무려 365개의 섬을 품고 있다. 여수와 고흥을 잇는 연륙·연도교 사업이 활발하게 추진되면서 섬과 섬들이 하나의 길로 이어지고 있는데 특히 여수 돌산에서 고흥 영남까지 총 39.1km의 길로 연결된 〈백리섬섬길〉이 남해바다 해양관광 랜드마크로 주목받고 있다. 여수에서 고흥 간 거리인 '백리(100리)'에 섬과 섬을 잇는 길이라는 순우리말 '섬섬길'을 더한 〈백리섬섬길〉은 2028년 완공을 목표로 11개의 해상 교량이 건설 중이다. 현재 여수 백야대교에서 고흥 우주발사전망대가 있는 팔영대교까지 개통되면서 하나의 길로 이어져 있는데, 올해 마지막 여행은 여수가 야심차게 만든 〈백리섬섬길〉을 따라 즐겨보자.

Q 어디에서 출발해야 하나요?

<백리섬섬길> 여행에 앞서 코스 설정은 필수다. 어느 방향으로 달릴지, 어디서 무엇을 볼지 결정하려면 다리의 스펙부터 차근차근 훑어봐야 한다. 2020년까지 개통한 다리는 조화대교(화양~조발), 둔병대교(조발~둔병), 낭도대교(둔병~낭도), 적금대교(낭도~적금)다. 2016년에 개통한 팔영대교(적금~고흥)까지 합치면 총 길이 12㎞로 약 20분 남짓 달릴 수 있는 드라이브 코스가 만들어졌다. 여행코스는 여수에서 고흥 방향으로 잡는 것이 일반적이다. 여수를 찾는 사람이 더 많기도 하지만 다리 이름을 통해 다음 넘어갈 섬 이름을 자연스럽게 알 수 있기 때문이다. 뱃길 대신 찻길로 다도해의 멋진 풍광을 온전히 누릴 수 있는 <백리섬섬길>은 남해바다의 명품 해양관광도로답게 그 인기가 날로 높아지고 있는데 특히 일몰 무렵의 노을 풍경이 장관이다.

Q <백리섬섬길> 섬들이 궁금해요?

여수 화양면에서 고흥 영남면까지 다리로 연결된 섬은 모두 네 곳이다. 조발도와 둔병도, 낭도와 적금도까지 각 섬들마다 아름다운 다도해 풍광을 자랑하며 <백리섬섬길>을 찾은 여행자들에게 넉넉한 품을 내어주고 있다. 특히 여우를 닮은 섬 '낭도'는 섬섬길에서 가장 큰 섬이자 가장 인기가 많은 곳이다. 다리가 놓이기 전부터 백패커들과 낚시 여행객들이 자주 찾았던 낭도는 섬섬길 개통과 함께 육지와 가까워졌다. 여수항에서 뱃길로 한 시간 넘게 걸렸던 길이 여수 화양면에서 출발하는 찻길로 10분이면 도착할 수 있게 된 것이다.

낭도는 섬을 한 바퀴 둘러볼 수 있는 '낭만 낭도 둘레길'을 따라 트래킹 여행을 즐기기에 좋다. 둘레길은 총 12km로 천천히 섬을 구경하면서 걸어도 하루면 충분한 거리다. 둘레길은 포구가 있는 선창마을부터 시작하는 것이 좋은데 다리가 없을 때 육지와 연결되는 유일한 통로였기 때문에 각종 편의시설이 집중되어 있다. 선착장은 낭도산 등산로가 시작되는 출발점으로 사도가 보이는 쉼판터 전망대와 등산로 3개가 교차하는 역기미 분기점을 지나 낭도산 최고봉인 상산(278.9m)으로 이어진다. 등산로 입구가 상산과 먼 탓에 오르막과 내리막이 반복되는데, 길 폭이 비교적 넓고 가파른 구간이 적어서 초보자도 쉽게 오를 수 있다. 그렇게 섬 둘레길을 따라 상산 봉화대에 오르면 낭도 앞바다가 파노라마처럼 펼쳐진다. 키 큰 나무에 가려 탁 트인 전망을 기대하기는 어렵지만 〈백리섬섬길〉을 이루는 여러 섬들과 함께 조화대교, 둔병대교, 적금대교의 모습은 또렷이 볼 수 있다. 각 교량의 생김새를 비교하며 지나온 길을 굽어보는 재미도 쏠쏠하다.

바다를 곁에 두고 사박사박 걷는 '낭만 낭도둘레길' 1~2코스는 백사장이 길게 뻗어 있는 장사금 해변과 괴석 위에 홀로 자리한 남포등대 등 볼거리가 풍부하다. 백미는 태고의 신비를 간직한 천선대와 신선대다. 천선대는 퇴적층이 겹겹이 쌓여 기암절벽을 이루고 신선대는 주상절리와 해식동굴이 어우러져 신비로운 분위기를 자아낸다. '신선이 살만한 곳'이라는 이름의 의미가 전혀 어색하지 않은 절경이다. 천선대에서는 썰물 때 모습을 드러내는 공룡 발자국 화석이 남아있다. 수백만 년 전, 낭도 갯바위를 걸어 다녔을 공룡들을 상상하면 짜릿한 기분마저 든다.

Q 낭도의 또 다른 명소는?

낭도는 작은 섬이지만 바다 여행의 모든 것을 즐길 수 있다. '산타바오거리'로 불리는 모래 해변은 여름 피서지로 인기가 높은데 이국적인 이름과 달리 전형적인 한국 해변의 아름다움을 간직하고 있다. 알고 보니 스페인말처럼 들리는 '산타바오거리'라는 이름의 원래 뜻은 '산사태가 난 바위'라고 한다. 낭도 주민들이 산사태를 '삼태', '산태'로 발음해 오다가 지금의 '산타바오거리'가 됐다는 것이다. 멋진 비경을 자랑하는 해안절벽 사이로 고운 모래사장이 펼쳐진 곳에 장사금 해수욕장이 자리 잡고 있는데 여름이 아니더라도 바다 경치를 즐기기에 좋은 해변이다.

낭도에는 무려 3대에 걸쳐 전통 막걸리를 빚어 온 술도가가 있다. 백 년 가까이 집안 대대로 이어 온 비법 그대로 술을 빚고 있는데 직접 만든 누룩과 암반수에서 솟아난 젓샘 샘물로 맛을 낸다. 달큰하면서 신 맛이 살짝 어우러진 낭도 막걸리는 서대회무침과 찰떡궁합이다. 막걸리 식초로 새콤달콤하게 무쳐 낸 서대회무침에 진한 막걸리 한 사발이면 누구나 낭도 팬이 되고 만다.

Q <백리섬섬길> 최고의 노을은?

노을 맛집으로 소문난 <백리섬섬길>에서 단연 최고를 자랑하는 일몰 명소는 낭도와 적금도를 잇는 길이다. 길 어디에서나 멋진 일몰을 만날 수 있지만 편안하게 노을을 즐기고 싶다면 일몰 시간에 맞춰 적금도 전망대에 자리를 잡고 기다리면 된다. 쪽빛바다를 붉게 물들인 노을을 배경 삼아 다도해 사이로 떨어지는 해를 보고 있노라면 이너피스, 마음의 평안이 찾아온다.

<백리섬섬길> 여행을 1박 2일로 잡았다면 팔영대교는 꼭 건너가 보자. 적금도를 출발한 팔영대교가 고흥 땅

을 밟는 곳에 고흥 우주발사전망대가 기다리고 있고, 그 옆으로 요즘 한창 인기가 많은 남열해수욕장이 맞닿아 있다. 우주발사전망대에서 바로 내려다보이는 남열해수욕장은 전국 서퍼들이 사랑하는 파도타기 명소다. 해변 숲속에 캠핑장이 있고 펜션까지 갖추고 있어서 숙박의 어려움은 없다. 파도 소리와 함께 겨울밤의 낭만을 즐겼다면 이튿날 동 트기 전에 해변으로 나가보자. 드넓게 펼쳐진 남열 해변 위로 떠오른 해는 새벽잠이 아쉽지 않을 정도로 벅찬 감동을 선사한다. 한 해 동안 열심히 살아온 나를 위로하고 새로운 일 년을 다시 열심히 달릴 수 있는 힘을 얻을 수 있을 것이다.

12월 넷째 주 _ 가는 해 오는 해, 뿌리섬길

사진 제공과 취재에
협조해주신
관계자 여러분께
감사 말씀드립니다.

글
정지효

그림
윤연우

사진제공
전라남도

발행일
2021년 12월 24일   초판
2022년 2월 14일   2판 1쇄

발행
라이트라이프
인스타그램 @litelife
이메일 lite_life@naver.com

ISBN
979-11-957585-6-2

저작권법에 의해 보호를 받는
저작물이므로 무단 전제와
무단 복제를 엄금합니다.